Anonymous

Würzburgischer Stadt- und Landkalender

Anonymous

Würzburgischer Stadt- und Landkalender

ISBN/EAN: 9783744676588

Hergestellt in Europa, USA, Kanada, Australien, Japan

Cover: Foto ©ninafisch / pixelio.de

Weitere Bücher finden Sie auf **www.hansebooks.com**

Würzburgischer
Stadt- und Land-Kalender
für das Jahr
1797,
als das erste
nach dem vier und zwanzigsten Schaltjahre
dieses achtzehnten Jahrhunderts,
nach der
würzburger Kirchenordnung eingerichtet;
mit einem Anhange
von nützlichen Sachen.

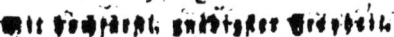

Mit hochfürstl. gnädigster Freyheit.

Würzburg, gedruckt und zu haben bey Franz Sebastian Sartorius, Hofbuchdrucker.

Zeitrechnung.

Das Jahr 1797 ist das 1ste nach dem 24sten Schaltjahre dieses 18ten Jahrhunderts, darinn werden gezählt:

Von Erschaffung der Welt	5746
Vom ersten Herzoge zu Franken Genebaldus	1469
Von Einführung des christlichen Glaubens im Herzogthum durch den heiligen Kilian	1110
Von Errichtung des Bisthums Würzburg und Ansetzung des ersten Bischofs St. Burkard	1055
Von Erwählung Pius VI. zum römischen Pabst	23
Von Erwählung und Krönung Franz II. zum römischen Kaiser	5
Von Erwählung unsers gnädigsten Fürsten und Herrn Georg Karl	3
Die goldene Zahl ist	12
Der Sonnenzirkel	14
Der Römer Zinnszahl	15
Epakten	I.
Der Sonntags Buchstab	A.

Zwischen Weynachten und Faßnacht sind 9 Wochen 3 Tage.

Erklärung der Zeichen.

● Neumond. ☽ Erstes Viertel. ● Vollmond. ☾ Letztes Viertel.

Die 12 himmlischen Zeichen.

Widder, Stier, Zwilling, Krebs, Löw, Jungfrau, Waag, Scorpion, Schütz, Steinbock, Wassermann, Fisch.

Die 7 Planeten.

♄ Saturnus, ♃ Jupiter, ♂ Mars, ☉ Sonn, ♀ Venus, ☿ Mercurius, ☽ Mond.

Johann Joseph Heinrich Ernst von Würzburg, Cellarius und Jubiläus.

Friderich Karl Ernst Gottfried Marquard Hugo Freyherr von Huttenberg, Jubiläus.

Johann Philipp Karl Graf von Stadion und Thanhausen, Jubiläus.

Woch. Täge.	Januarius 1797 oder Jänner.	☽ Z.	Muthmaßliche Witterung.
1 Woch	Von der Beschneidung Christi. Luc. 2. Kap.		
Sont.	1 A Neu Jahr		Tagsl. 8 Stund.
Mont.	2 b Macarius		verkündiget
Dienst.	3 c Genofeva		Schnee
Mittw.	4 d Titus B.		und kalte
Donn.	5 e Telesphorus		Witterung.
	Von den 3 Weisen aus Morgenland. M. 2. K.		
Freyt.	6 f H. 3 Könis		Das erste ☽ 8 Uhr
Samst	7 g Julianus		11 Minut. Vorm.
2 Woch	Als Jesus 12 Jahr alt war. Luc. 2. Kap.		
Sont.	8 A 1 Severinus		verkündiget
Mont.	9 b Marciana		rauhe Nordwind
Dienst.	10 c Agatho		und kaltes
Mittw.	11 d Hyginus		Wetter.
Donn.	12 e Tatiana		☾ Erdnah.
Freyt.	13 f Veronica		Der ● [illegible] Uhr
Samst	14 g Hilarius		34 Min. Vorm.
3 Woch	Von der Hochzeit zu Cana in Gal. Joh. 2. Kap.		
Sont.	15 A 2 Nam. Jes.		Paul. Einsiedler)
Mont.	16 b Marcellus		Tagsl. 8 St. 22 M.
Dienst	17 c Anton Einf.		frostiges
Mittw.	18 d Pet. Stuhlf.		Wetter.
Donn.	19 e Canutus		☾ 9 Uhr n. Die ☉
Freyt.	20 f Fab. Sebast.		tritt in [illegible]
Samst	21 g Agnes		halte an
4 Woch	Als Jesus vom Berg herab stieg. Matth. 8. K.		
Sont.	22 A 3 Vincent.		mit Frost,
Mont.	23 b M. Verm.		Macarius.)
Dienst.	24 c Timotheus		und unan-
Mittw.	25 d Paul. Bek.		genehmer
Donn.	26 e Polycarp.		☾ Erdfern,
Freyt.	27 f Joh. Chrys.		Witterung
Samst	28 g Valerius		Der ● 8 U. 2 M. V.
5 Woch	Vom ungestümmen Meer. Matth. 8. Kap.		
Sont.	29 A 4 Aquilin.		bringet Regen
Mont.	30 b Martina		mit Frost.
Dienst.	31 c Petr. Nol.		Tagsl. 9 Stund

☉	Tages		Sonne		Sonne		Tages	
	Anbruch		Aufgang		Untergang		Abschied	
	Uhr	m.	Uhr	m.	Uhr	m.	Uhr	m.
1	7	15	8	18	3	41	4	45
10	7	10	8	8	3	52	4	50
20	7	1	7	54	4	6	4	59
31	6	46	7	36	4	24	5	14

Die Bergvestung zu Würzburg,

so im verflossenen Jahre 1796 bey dem Einfalle der Franzosen in unser liebes Vaterland, und bey der am 3ten September vor der Stadt vorgefallenen Schlacht
neuerdings merkwürdig geworden.

Das verflossene Jahr 1796, liebe Landesleute! wird uns
und allen gutgesinnten Deutschen ewig merkwürdig
seyn; der 1te, 2te und 3te September aber sind und bleiben
für uns Franken, besonders für die Bewohner Würzburgs,
unvergeßliche Tage. Endlich hatte denn auch das nun in
das 5te Jahr wüthende Kriegsfeuer mit allen seinen Greu-
eln und zerstörenden Flammen unser theures Vaterland er-
griffen; die tapfern deutschen Heere mußten durch Mißge-
schick an die fernen Gränzen des heiligen deutschen Reichs zurück weichen; die Feinde besetzten unsre Stadt und Land; über
6 Wochen mußten wir alle Arten der Bedrückungen ertra-
gen: bis endlich die zu siegen gewohnten östreichischen Truppen unter Anführung des jungen mit Siegen gekrönten Hel-
den, Prinzen Karl von Oestreich, (hoch schwillt jedes bie-
dern Franken Brust auf, wenn er den Name seines Retters
nennen höret, auch der spate Nachkömmling wird den Name Karl, des Siegers bey Würzburg, mit Ehrfurcht seinen Kindern nennen) uns befreyten, und dadurch sich neue
Lorbeere auf unsern Feldern sammelten, uns aber unsre
Freyheit, unser Vaterland, und uns selbsten wiedergaben.
Bey dieser Gelegenheit mußte die berühmte Burg Ma-
rienberg, auf deren Felsen und an deren Mauern in fried-
lichen Zeiten ein so kostbarer Rebensaft reifet, abermals die
Drang-

Chrifteph Franz Amand Veit
Chriſtian .... von Buled,
Jub. Fürſt. .... zu Bamberg.

Johann Franz Schenk Freyherr
von Stauffenberg, Cuſtos.

Johann Gottfried Lothar Franz
Freyherr von Greiffenklau
zu Vollraths.

Wochs Tage.	Februarius oder Hornung.	♌	Chriſtl. .... Witterung
Mittw.	1 D Ignaß		deutet auf
	Von der Opferung Chriſti. Luc. 2. Kap.		
Donn.	2 e Mar. Lichtm.		gelindes
Freyt.	3 f Blaſius		Wetter
Samſt	4 g Andr. Corſ		☽ 8 Uhr 43 M. N.
6 Woch	**Vom guten Saamen und Unkraut M. 13. K.**		
Sont.	5 U ⁜ Aga has ⁜		verheiſet
Mont.	6 b Dorothea		feuchte und
Dienſt.	7 c Romualdus		.... 9 ....
Mittw.	8 d Joh. de Mat.		ſtürmiſche
Donn.	9 e Apolonia		☾ Erdnah,
Freyt.	10 f Scholaſtica		Witterung.
Samſt	11 g Severin.		Die Sol. 14 M. K.
7 Woch	**Vom Hausvater und Arbeitern. Math. 20 Kap.**		
Sont.	12 U Septuages.		es giebt rauhe
Mont.	13 b Benignus		und froſtige
Dienſt.	14 c Valentinus		Witterung.
Mittw.	15 d Fauſt. u. J.		heller Himmel
Donn.	16 e Juliana		und kaltes
Freyt.	17 f Donatus		Wetter.
Samſt	18 g Flavian. ⁜		☾ .... Sin ⁜
8 Woch	**Vom guten Saamen und Edemann Luc. 8. Kap.**		
Sont.	19 U Sexages⁜m		Mathias Apoſtel)
Mont.	20 b Eleutherius		....
Dienſt.	21 c Eleonora		es giebt
Mittw.	22 d Peter Stulf		☾ Erdfern,
Donn.	23 e Marg. Cor		rauhes und
Freyt.	24 f Edelbertus		unangenehmes
Samſt	25 g Tlerauder		Wetter,
9 Woch	**Jeſus macht einen Blinden ſehend Luc. 18. Kap.**		
Sont.	26 U Quinqua⁜		Der ● ⁜ Uhr
Mont.	27 b Leander		7 Min. Nachm.
Dienſt.	28 c Ruffinus		Tageslänge 10 St

☉ Tages	Aufbruch	Sonne	Aufgang	Sonne	Untergang	Tages	Abschied
	Uhr	m.	Uhr	m.	Uhr	m.	Uhr	m.
1	6	45	7	36	4	24	5	15
10	6	32	7	16	4	44	5	28
20	6	16	6	56	5	4	5	44
28	6	4	6	40	5	20	5	56

Frage in allen Unternehmungen kluge und erfahrne Leute um Rath, und folge ihnen gerne. Wem nicht zu rathen ist, dem ist nicht zu helfen.

Halte getreu, was du versprochen hast. Versprechen und halten, steht gut Jungen und Alten.

Drangsalen des Krieges erfahren, war aber auch für diesen Zeitpunkt des Krieges und für die künftigen Fortschritte des Feldzuges entscheidend.

Bey Annäherung der Oestreicher und beym Einbringen derselben in die Stadt zogen sich die sämmtlichen in der Stadt befindlichen feindlichen Truppen in dieselbe, vertheidigten sich 3 Tage lang, beunruhigten bis in der Nähe kämpfenden Oestreicher durch Kanonen, und bekämpften die in der Stadt mit Kartätschenfeuer und kleinem Gewehre; bis endlich Jourdan ..n 3ten aufs Haupt geschlagen, und dadurch die Garnison gezwungen wurde, zu kapituliren und sich zu ergeben: welches am 4ten frühe um 10 Uhr erfolgte.

Ich will Euch, theure Franken! mit einer langen Erzählung dieser Vorfälle, wovon ihr selbst Augenzeuge waret, nicht aufhalten: aber angenehm wird es Euch seyn, die Schicksale dieser Vestung bey andern Kriegsläuften in das Gedächtniß zu bringen; um eure Erfahrungen mit den Ereignissen eurer Voreltern zu vergleichen, und euern Kindern über diesen merkwürdigen Platz in den langen Winterabenden manchen lehrreichen Vorfall zu erzählen.

Diese Bergveste hat ihren Ursprung nach der wahrscheinlichsten Vermuthung von einem alten deutschen Fürsten, Virdomarus oder Wirzo, der hier eine Burg erbaute, und der daran liegenden Stadt nach Einiger Meinung den Namen gegeben haben soll. Wie sie nach und nach zu einer regulären Vestung geworden sey, giebt die vaterländische Geschichte, wiewohl die Geschichte der Erbauung ganz unbekannt geblieben ist.

Unter Fürsten Rudolph dem zweyten, aus dem adelichen Geschlechte von Scherenberg, dem 60ten Bischofe unsers Hochstiftes; der 1466 an die Regierung kam, und

29

einrich Karl Wilhelm Graf von
Rotenhan.

Carl Theodor Anton Maria Käm-
merer von Wörms, Freyherr
von Dahlberg, Scholast.

Franz Erwein Karl Kaspar, des
H. R. R. Graf von der
Leyen.

Woch Tage.	Monats oder Merz.	☾	Muthmaßliche Witterung
Mittw	1 D Aschermittw.		dauer zu
Donn.	2 e Simplicius		rauhe und
Freyt.	3 f Kunegundis.		frostige
Samst	4 g Casim rus		Witterung
10 Woch	Jesus ward vom Teu— rischt. Matth. 4. Kr.		
Sont.	5 A 1 Invocab.		Tagsl. 11 Stund.
Mont.	6 b Fridericus		Das erste) 6 Uhr
Dienst.	7 c Thom. v. Aq.		20 Minut. Vorm.
Mittw.	8 d Quat. for.		(Erdnäh.
Donn.	9 e Francisca		trübes und
Freyt.	10 f 40 Mart. ℞.		unfreundliches
Samst	11 g Rosina. ℞.		Wetter
11 Woch	Von der Verkl drang christl. Matth. 17. Kap.		
Sont.	12 A 2 Reminisc		Der ● 11 Uhr N.
Mont	13 b Euphrasia		D. Erw. G. H. G.
Dienst.	14 c Mathildis		verhelfet
Mittw.	15 b Longinus		Sonneschein
Donn.	16 e Heribertus		und angenehme
Freyt.	17 f Gertrudis		Witterung.
Samst	18 g Patritius		Tagsl. 11 st. 58
12 Woch	Jesus treibet einen Teufel aus. Luc. 11. Kap.		
Sont.	19 A 3 Oculi		Josphue)
Mont.	20 b Joachim		D. l (10 u. 3 m
Dienst.	21 c Benedictus		Die Mitti in
Mittw.	22 D Octavianus		(Erdfern,
Donn.	23 e Tur blus		Tag und Nacht
Freyt.	24 f Gabriel		gleich, Frühlings
	Von Sendung des Engels Gabriels Luc. am 1. R.		
Samst	25 g Mar. Verkl		Anfang)
13 Woch	Jesus speiset 5000 Mann. Joh. 6. Kap.		
Sont.	26 A 4 Lätare		verheißt warmes
Mont.	27 b Rupertus		Wetter,
Dienst.	28 c Gunthram		Der ● 11 Uhr 17
Mittw.	29 d Theodosia		Minuten Vor n.
Donn.	30 d Quirinus		angenehm mit
Freyt.	31 f Balbina		Sonneschein,

Tage	Tages Anbruch		Sonne Aufgang		Sonne Untergang		Tages Abschied	
	Uhr	m.	Uhr	m.	Uhr	m.	Uhr	m.
1	6	0	6	40	5	20	6	31
10	5	44	6	20	5	40	7	16
20	5	26	5	59	6	1	7	34
31	5	7	5	36	6	24	7	53

Jahrmärkte im Merz.
Den 2 Eib im ochsenfurter Gau.

den 5. Lichtenfels, Culmbach, Kalten Nordheim an der Rhön, Höchstadt an der Eisch.

den 7 Wertheim, Hilpertshausen, zu Mergentheim Krämer, und die folgenden zwei Tage Viehmarkt.

den 12 Kreglingen.

den 19 Baunach, Suhl, Theildheim bey Schwanfeld Jahr, und Dienstag darauf Viehemarkt.

den 21 Eltmann, Flaburgen, Grünsfeld, Haßfurt, Hartheim, Ippofen, Kißingen, Meßrichstadt, Lauringen, Oberschwarzach, Schlüsselfeld, Randersacker, Sulzfeld, Oberthulba, Volkach, Neustadt an der Saal, Hammelsburg, Viehemarkt zu Wippfeld und Oberschwarzach.

den 22 Wirzburg, Neustadt an der Eisch, Schmalkalden, Nordheim Amts Hasburen, Rexbach, Stolzhofen, Homburg am Mayn, Rippen, Euerdorf, Schlachthofen den 26 Prozen, Priesbach, Römelt, Stadelstein, Essfeld Scrolshofen Viehm.
den 27 Troppstabt und folgenden Tag Viehemarkt.
den 30 Bischofsheim an der Tauber.
Auf Gründonnerstag Nübenhausen.

Halte dich an Ordnung und Fleis, das dir in deinem Leben viele Vortheile bringen wird. Jung gewohnt, alt gethan.

29 Jahre regierte, wurde ein Theil des Schlosses merklich befestiget; das Thor, so in den innern Hof führet, wird noch heutiges Tages das Scherenberger Thor genennet.

Im Jahre 1650 wurden die äußern Werke unter Johann Philipp von Schönborn angeleget; Peter Philipp von Dernbach setzte die Befestigung im Jahre 1679 an dem Höchberger Thore fort; Johann Philipp von Greifenklau legte gleichfalls neue Werke an; Fürst Christoph Franz von Hutten befestigte die Seite des Berges gegen den Nikolausberg.

Im Jahre 1254 kam es bey diesem Schlosse unter Fürsten Hermann von Lobbenburg zu Gewaltthätigkeiten. Unter der Regierung dieses Fürsten waren Papst und Kaiser in großer Uneinigkeit, wodurch die Bürger zu Wirzburg Gelegenheit nahmen, sich gegen die Geistlichkeit aufzulehnen. Bischof Hermann wollte die Bürger mit gewaffneter Hand zur Ordnung bringen, und beschied seine Ritterschaft heimlich in die Stadt. Aber die Bürger wurden gewarnet, ließen viele Reuter auf die Brücke, schlugen das eiserne Thor auf der Brücke zu, fielen aus der Stadt in sie, tödteten viele, und wurden der Ritterschaft Meister; dann liefen sie auf den Saal (vermuthlich war dies die Wohnung des Bischofes, an der Stelle, wo jetzt die Kanzley steht), und bemächtigten sich des Bischofes selbst, und führten ihn vor das Schloß, wo er mit Uebergabe desselben sein Leben erkaufen sollte. Allein die beyden Ritter, Otto Wolfskehl und Reinhulf von der eisernen Hofen; Hüter des Frauenbergs, als sie sahen, daß ihr Herr gefangen war, sagten, daß sie ihrer Ehre und Pflicht halber das Schloß nicht aufgeben könnten; so aber ihr Herr frei gelassen würde, und ihnen geböte, das Schloß zu übergeben, müßten sie solches in Kraft ihrer Pflicht thun. Hierauf stell-

B

ten

Erste Bilder Friderich Frevherr Frev, &c. und zu Trechau	Woch. Täge.	Aprilis oder April.	☽ L.	Muthmaßliche Witterung.

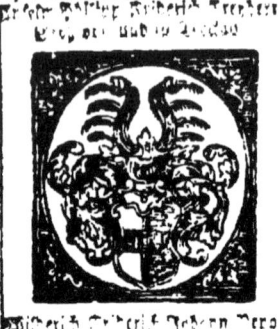

Friderich Friherr Johann Veronand &c. &c. ob Enderß Waldorfen des ☽ H. H. Graf von Waldersdorf.

	Samst	1 g Hugo	♒	bringet naß
14 Woch Sont.		Die Juden wollten Jesum steinigen. Joh. 8. Kap. 2 A 7 Judica	♒	und unfreund-
Mont.		3 b Richardus	♓	liches Wetter,
Dienst.		4 c Isidorus	♓	Das erste ☽ 1 u. n.
Mittw.		5 d Vincent. Fer.	♈	
Donn.		6 e Cölestinus	♈	Tagsl. 13 Stund
Freyt.		7 f Maria Schm.		neiget auf
Samst		8 g Dionysius		windig und

Franz Fürst Sabalo Maria Freyherr v. n Reipen.

15 Woch Sont.		Von der Einreitung Christi. Marth. 21. Kap. 9 A 5 Palmtag	♉	feuchte
Mont.		10 b Ezechiel	♊	Witterung.
Dienst.		11 c Leo Pabst	♊	Der ● 10 Uhr 46
Mittw.		12 d Zeno	♋	Minuten Vormit.
Donn.		13 e Grünbonn.	♋	verheiset
Freyt.		14 f Charfreytag	♌	Regen und
Samst		15 g Longiaus	♌	veränderliches
16 Woch Sont.		Von der Auferstehung Christi Marc. am 16. K. 16 A H. Ostert.	♍	Wetter.
		Von den 2 Jüngern nach Emaus. Luc. 24. Kap. 17 b 2ter Ostert.	♍	Tagsl. 13 st. 42 M.
Mont.		17 b 2ter Ostert.	♍	
Dienst.		18 c Amidäus	♎	☽ Erdfern
Mittw.		19 d Wernerus	♎	6 Uhr v. Die
Donn.		20 e Sulpitius	♏	☉ tritt in ♉
Freyt.		21 f Anselmus	♏	verheiset
Samst		22 g Lotharius	♐	warme und
17 Woch Sont.		Jesus gehet durch verschlossene Thür. Joh. 20 Kap. 23 A 1 Quas.		Georg ☽ M. ☽ H. G.
Mont.		24 b Fidelis		angenehme
Dienst.		25 c Marcus Ev.	♒	Witterung
Mittw.		26 d Cletus	♒	Der ● 11 Uhr 28
Donn.		27 e Cerinus	♒	Minuten Nachm.
Freyt.		28 f Vitalis		Tagsl. 14 Stund
Samst		29 g Petrus M.	♓	warm Wetter,
18 Woch Sont.		Vom guten Hirten und Miethling. Joh. 10. Kap. 30 A 2 Miseric.	♓	Psalm. Jacob.)

Handle mit andern mit
Ehrlichkeit, so wird man
dir immer mehr anver-
trauen. Ehrlich währet
am längsten.

Tag	Tages Anbruch		Sonne Aufgang		Sonne Untergang		Tages Abschied	
	Uhr	m.	Uhr	m.	Uhr	m.	Uhr	m.
1	3	36	5	40	6	20	8	24
10	3	8	5	24	6	34	8	52
20	2	54	5	5	6	55	9	6
30	2	38	4	50	7	10	9	20

ten die Bürger ihren Herrn zwischen sich und denen in dem
Schlosse in die Mitte, und die Burgmänner brachten
nach verschiedenem Handgemenge ihren Herrn aus den Händen seiner Feinde glücklich in das Schloß; wo es dann
zum Schlagen kam, viele verwundet und getödtet wurden,
und endlich die Rebellen mit Spott und Schaden den Berg
hinab laufen mußten.

Eine Art von Belagerung machten abermals die Bürger
von Wirzburg im Jahre 1307 unter Bischof Andreas von
Gundelfingen. Nach vorhergegangenen verschiedenen
Beschwerden und Irrungen bauten die Wirzburger jenseits
des Mains eine Mauer unter der Tell, und dabey einen
Thurm, so, daß alle, welche von dem Schlosse herab oder
hinauf wollten, durch das in die Mauer gemachte Thor
gehen mußten; wodurch viele Neckereyen entstunden.

So erhob sich ein Streit zwischen den Hofleuten und
Bürgern in der Vorstadt zum H. Burkard; wobey etliche Häcker geschlagen und verwundet wurden. Darum rot-
teten sich etliche aus der Stadt und den Vorstädten am Faßnachts-Tage zusammen, und wollten heimlich in das Schloß
schleichen, um diejenigen, so ihnen Schaden zugefüget hatten, im Herausgehen wieder zu bezahlen. Die im Schlosse
wurden gewarnet, schlofen in ihre Panzer und Harnische,
brachten mit ihren Gewehren brennende Schauben aus dem
Schlosse, trieben die vollen Häcker wieder ab, wo dann
viele verwundet, etliche erschlagen, und an demselben Platze
begraben wurden. Zwey hundert Jahre darnach ließ Bischof
Konrad von Thüngen eine Mauer am Kampfplatze auf-
führen, so man dann noch Gebeine der Erschlagenen nach
der gemeinen Meinung ausgegraben hat.

Dieser Vorfall veranlaßte eine Feyerlichkeit, welche das
Hofgesind jährlich am Faßnachts-Tage auf dem Schlosse

be-

osept Karl Anton Freyherr von
Reinach.

Johann Philipp Jacob Nepomuck
Graf und Lll
Dauß von Ellomberg.

Adam Joseph Maria Valentin
Donat Freyherr Heußlein
von Euffenheim.

Woch. Tage.	Nahm. oder May.	☽ ♌	Muthmaßliche Witterung.
Mont.	1 b Walburgis		gesch. wüllig
Dienst.	2 c Athanasius		☽ Erdnah.
Mitw.	3 d † Erfindung		Das erste ☽ 7 u. 22
Donn.	4 e Monika		Minut. Nachm.
Freyt.	5 f Pius V.		neiget auf
Samst	6 g Joh. v. Pf.		warmes
19 Woch	Ueber ein kleines werdet ihr mich sehen. J. 16. Kap.		
Sont.	7 A 3 Jubilate		Tagsl. 14 st. 50 m.
Mont.	8 b Mich. Ersch.		und angenehmes
Dienst.	9 c Gregor Naz.		Wetter.
Mitw.	10 b Antoninus		Der ● 10 Uhr 30
Donn.	11 e Gangolph		Minuten Nachm.
Freyt.	12 f Pancratius		haltet an mit
Samst	13 g Servatius		schön und
20 Woch	Ich gehe zu dem, der mich gesandt hat. Joh. 16. K.		
Sont.	14 A 4 Cantate		warmer
Mont.	15 b Sophia		Witterung
Dienst.	16 c Johan. Nep.		☽ Erdfern.
Mitw.	17 d Bruno B.		Tagsl. 15 st. 16 m.
Donn.	18 e Venantius		gedeihlich.
Freyt.	19 f Petr. Cölest.		Das ☽ Uhr V.
Samst	20 g Bernardin.		Die ☉ tritt in ♊
21 Woch	So ihr den Vater etwas bitten werdet. Joh. 16 K.		
Sont.	21 A 5 Rog † W.		verheiset
Mont.	22 b Attho		warmes
Dienst.	23 c Florentian		und fruchtbares
Mitw.	24 b Joanna		Wetter.
	Von der Himmelfahrt Christi. Marc. am 16 K.		
Donn.	25 e Himmelfahrt		Christi
Freyt.	26 f Philip. Ner.		Der ● 9 Uhr 8
Samst	27 g Mag. v. P.		Minuten Vorm
22 Woch	Wenn aber der Tröster kommen wird. Joh. 15 Kap.		
Sont.	28 A 6 Exaudi		bringet
Mont.	29 b Maximinus		warme
Dienst.	30 c Ferdinand		☽ Erdnah.
Mitw.	31 b Petronilla		Witterung

Jahrmärkte im May.
Den Dienstag vor Philipp Jacobi Viehmarkt zu Geroldshofen.

Den 1 (Philippi und Jacobimarkt zu Arnstein, Aub, Dettelbach, Ebenhausen, Ebern, Heidenfeld, Lauringen, Neustadt an der Saal, Schlüsselfeld, Volkach, Schmalkalten, Römelt, Miltenberg, Markelsheim, Kirchberg an der Jaxt, Brückenstadt, Altersheim, Burghaßlach, Viehmarkt zu Schwanfeld.

den 3 Stadtschwarzach und Tags darauf Viehm.

den 4 in Aschach Viehm. item den Tag nach Thomä Schweinm. den 6 Bamberg.

den 7 Leipzig, Schweinfurt, Gemünden in Schwaben.

den 14 in Theilheim bey Schwanfeld Jahr- und Dienstag darauf Viehm.

16 Hofheim und Tags darauf Viehmarkt.

21 Neustadt an der Heiden, Hammelburg, Stapfelstein, Holfeld, Windsheim.

Auf zweyten Pfingstag Rüdenhausen, den 2 Pfingst. Münnerstadt.

22 Viehm. zu Mellerichstadt 23 Wützenhofen bey Pochberg, Brückenau, Hartan am Odenwald.

29 Priesbach, Bischofsheim an der Tauber, Kreglingen.

31 Windsheim Römelt.

Meide den Umgang mit bösen und liederlichen Leuten. Wir Pech angreift, besudelt die Hände.

Nimm bey deiner Arbeit und Handel mit einem kleinen Profit vorlieb. Viele Pfennige machen auch einen Thaler.

☉	Tages Anbruch		Sonne Aufgang		Sonne Untergang		Tages Abschied	
	Uhr	m.	Uhr	m.	Uhr	m.	Uhr	m.
1	2	40	4	36	7	24	9	20
10	2	21	4	18	7	42	9	40
20	1	36	4	2	7	58	10	24
31	1	24	3	50	8	10	10	63

begieng. Nach dem Nachtessen zog das Hofgesind mit brennenden Fakeln jauchzend um das Schloß, wobey viele Haken und Doppelhaken losgeschossen wurden. Die ganze Irrung wurde endlich durch Herrn Wolfram von Grumbach, Domherrn und Probst zum neuen Münster, und Konrad von Rebstok, Ritter, gütlich vertragen: nämlich daß die Bürger ihrem Herrn von neuem schwören, wider Jedermann helfen, die Geistlichkeit und den Adel zu Wizburg bey ihren Freyheiten bleiben lassen, für den zugefügten Schaden 800 Pfund Heller zahlen, einen Thurm auf unserm Frauenberge an der Ecke in der Kaubach (zunächst an der Küche und dem Backhause) auf ihre Kösten bauen, dann eine Röhre durch die an der Tell geführte Mauer und einen freyen Paß machen sollten; der Bischof aber seine Bürger bey den Freyheiten, die sie bey den Bischöfen Berthold und Mangold gehabt haben, handhaben würde.

Auch in dem leidigen und verwüstenden Bauernkriege unter Konrad dem dritten von Thüngen, der im Jahre 1525 anfieng, mußte die Vestung Marienburg Belagerung und Sturm aushalten. Schon lagen die Bauern in großer Anzahl zu Ochsenfurt, und mehrten sich noch täglich; als der Bischof im Rathe seiner Edlen dahin antrug, daß sein Haus, unser Frauenberg, gut besetzt und mit Lebensmitteln versehen würde. Sebastian von Rotenhahn, Ritter, Doktor und Hofmeister, ließ sich die Sache am meisten empfohlen seyn. Er ließ die Bäume, die im Lustgärten vor und um das Schloß stunden, abhauen, im Graben starke Zwerchzäune aufrichten! desgleichen um das Schloß einen hohen lichten Zaun setzen; die Zwinger Thore und Thüren, Wehre und Plätze ausbessern; brach viele Löcher in die Thüren und Mauern, die Büchsen zu gebrauchen; dann ließ er zu rechter Zeit Wasser, Wein, Holz, Korn, Mehl, Speck, Eyer, Butter, dürres Fleisch ec. zuführen;

er

Franz Anton Joseph Freyherr von Beinß.

Adam Friderich Roßberg, Char Joseph ... ... Groß von und in Pronau.

Friderich Lothar Joseph Graf von Stadion und Spanhausen.

Woch Tage.	Junius oder Brachmon.	☽	Muthmaßliche Witterung.
Donn.	1 e Fortunatus		geschwüllig,
Freyt.	2 f Erasmus		Das erste ☽ o
Samst	3 g Blandina		Uhr 50 M n. Noz.
23 Woch	Wer mich liebt, der halt mein Wort. Joh. 14. Kap.		
Sont.	4 A H. Pfingst.		deutet auf
Mont.	5 b 2 H. Pfingst.		warme und
Dienst.	6 c Norbertus		gewitterhafte
Mittw.	7 d Quatembr.		Witterung,
Donn.	8 e Medardus		mit Regen.
Freyt.	9 f Richard.		Der ☉ rr U. b. m t
Samst	10 g Margar.		einer unsid. to. ☽ H.
24 Woch	Mir ist aller Gewalt gegeben. Matth. 28. Kap.		
Sont.	11 A 1 H. Dreif.		es ist geschwüllig
Mont.	12 b Basilides		Tagsl. 16 Stund.
Dienst.	13 c Ant v O.		☽ Erdfern.
Mittw.	14 d Basilius		und gewitter-
	Mein Fleisch ist wahrhaftig eine Speis. Joh. 9 K.		
Donn.	15 e Fronleichn.		haftes Wetter
Freyt.	16 f Benno		zu vermuthen
Samst	17 g Reinerius		Das letzte ☽ z u. n.
25 Woch	Vom großen Abendmahl. Luc. 14. Kap.		
Sont.	18 A Marcel.		neiget auf
Mont.	19 b Gerv. Prot.		Donner
Dienst.	20 c Silverius		mit Regen,
Mittw.	21 d Aloysius		☉ tritt in ♋ H.
Donn.	22 e Fronl. Oct.		Const. S. H. G.
Freyt.	23 f Edelt.		lgrst. Tag S. A.
	Von der Geburt Johannis Luc. 1. Kap.		
Samst	24 g Joh. Tauf.		☉ 5 U. n. sich O.
26 Woch	Vom verlohrnen Schaaf. Luc. 15. Kap.		
Sont.	25 A Constan		verkündiget
Mont.	26 b Joh. u. Paul		☽ Erdnah,
Dienst.	27 c Ladislaus		veränderliche
Mittw.	28 d Leo P.		kühle und
	Jesus kam nach Casarea. Matth. am 16. Kap.		
Donn.	29 e Pet. Paul		unfreundliche
Freyt.	30 f Pauli Ged.		Witterung.

⊗	Tages Anbruch		Sonne Aufgang		Sonne Untergang		Tages Abschied	
	uhr.	m.	uhr.	m.	uhr.	m.	uhr.	m.
1	1	10	4	12	7	48	10	50
10	0	59	4	5	7	55	11	1
20	0	40	4	3	7	57	11	20
30	0	48	4	5	7	55	11	22

Jahrmärkte im Juny.
Den 1 Aschach Viehm.
Den 4 Amersbach, Wachenroth. Den 5 Aub, Bischofsheim vor der Rhön
und an der Tauber.
6. Mergentheim, Lohr Viehm. die folgenden 2 Tage Viehm.
Oberbach, Bücholt, Reßbach Frickenhausen, Gerolzhofen, Hilters, Ingolberg, Wolfing Großenlangheim, Schwanenfeld, Rothenburg an der Tauber. Dorchheim, Beyreuth, Lichtenfeld, Seßlacher Jahrm.
7 Weickersheim, Schwanenfeld der Viehm. Dienstag nach Pfingst. zu Bibra Jahr und Lihstag darauf Viehm.
11 Dietigheim und Schalksach.
13 Haßfurt, Höchstadt, Hallenberg, Roßbach am Odenwald, Neustadt an der Eisch, Höchberg, Römelt.
Auf St. Veit Kissingen.
18 Cronach, Dorchheim, Feldkirchen.
19 Trappstadt und folgenden Tag Viehm.
24 Arnstein, Gutberdt, Karlstadt, Ebern, Fladungen, Heydingsfeld, Homburg an der Saal, Jphofen, Königshofen, Lauringen, Neustadt an der Saal, Oberschulba, Wiesentheid, Heldburg, Horach, Uffenheim, Königsheim am Lacher, Haßfurt, Dorchheim, Knipsel, Aschaffenburg.
Petri Pauli Münnerstadt, wann dieser Tag auf einen Sonntag fället, den Montag darauf.

Hat ein Mensch keine Religion, so traue ihm nicht. Er betrügt dich gewiß, wenn es ihm möglich ist, und lachet über deine Einfalt.

er that sich auch in der Stadt in den Stiftern Klöstern um Leute in die Besatzung, um Wundärzte und Zimmerleute um; er ließ eine Zugmühle und eine Pulvermühle machen. Viele, so in der Besatzung lagen, haben öffentlich gesagt, daß, wenn dieser von Rothenhahn mit seinem Rathen, Trösten, Mahnen, Arbeiten nicht gewesen wäre, unser Frauenberg sich schwerlich gegen die Bauern gehalten haben würde. Zum ewigen Gedächtnisse ist dieses in Erz eingegraben an der Kirche zu lesen gewesen, aber von den Schweden zerstöret worden.

Mittlerweile verfertigten die Bauern Schanzkörbe, und warfen eine Schanz auf dem Kleesberge (Nikolausberge) gegen das Schloß über auf; auch wurden viele Flösse unter die Brücke angezogen und angebunden, damit man, ohne von der Besatzung beschädiget zu werden, über den Mayn kommen könnte. Auch die Besatzung säumte nicht, zu arbeiten, und ihre Sachen zum Besten zu richten.

Am Freytage nach Jubilate bald nach Mittag kam Graf Georg von Wertheim samt Eberhard Rüben und Hansen von Hartheim vor unsern Frauenberg geritten, ließ diese Zween auf ihren Pferden halten, stieg vom Pferde ab, und gieng zu Fuß bis an den lichten Zaun vor das Schloß, schrie hinein; und begehrte von wegen der Bauern mit denen von Adel darin zu halten. Marggraf Friderich oberster Hauptmann, Graf Wolf von Kastell, Sebastian von Rothenhahn, Achatius von Thüngen, und Silvester von Schaumberg kamen heraus: und das Schloß wurde förmlich aufgefodert, in wie fern die, so in der Besatzung lägen, ihres Leibs und Lebens gesichert seyn wollten. Hierauf wurde geantwortet, daß alle, die in der Besatzung wären, sich vereiniget hätten, eher ihr Leib und Leben zu verlieren, als das Schloß zu übergeben: wo es

aber

Woch Täge.	Julius oder Heumonat.	☽ ♌.	Muthmaßliche Witterung.

Otto Philipp Erhard Freyherr Greß von und zu Trydau.

Heinrich Philipp Damian Freyherr von Münster.

Emerich Carl Wilhelm Freyherr Schütz von Holtzhausen.

Woch Täge.	Julius oder Heumonat.	☽ ♌.	Muthmaßliche Witterung.
Samst	1 g Theodor		Das erste ☽ 7 U. v.
27 Woch	**Vom großen Fischzug Petri. Luc. 5. Kap.**		
Sonl.	2 A 4 Mcia		Heimsuchung)
Mont.	3 b Arno B.		verheißet große
Dienst.	4 c Wilhelmus		Wärme,
Mitw.	5 D Domitius		Tägl. 16 Stund
Donn.	6 e Isaias Pr.		4 Minuten.
Freyt.	7 f Wilibald		und fruchtbare
Samst	8 g Kilianus		Witterung,
28 Woch	**Von der wahren Gerechtigkeit. Matth. 5. Kap.**		
Sonl.	9 A 5 Cyrillus		Der ● 3 Uhr V.
Mont.	10 b 7 Brüder		☾ Erdfern.
Dienst.	11 c Pius P.		Tägl 15 St. 54 m
Mitw.	12 d Joh. Gual.		bringet Regen
Donn.	13 e Anacletus		und feuchte
Freyt.	14 f Bonavent.		Witterung,
Samst	15 g Kil. Oct.		Heinrich)
29 Woch	**Jesus erbarmet sich des Volks. Marc. 8. Kap.**		
Sonl.	16 A 6 Scapulir.		Mar. Maqd.)
Mont.	17 b Alexius		Das letzte ☾ 4 Uhr
Dienst.	18 c Frideric.		44 Min. Vorm
Mitw.	19 D Vinc. a P.		verheißet
Donn.	20 e Margaretha		hell und
Freyt.	21 f Daniel		schön Wetter.
Samst	22 g Theoph.		☉ in ♌. H. V.
30 Woch	**Von falschen Propheten. Matth. 7. Kap.**		
Sonl.	23 A 7 Kirchw.		Jakobus)
Mont.	24 b Christina		12 U. N. ☾
Dienst.	25 c Christoph		Erdnah.
Mitw.	26 D Anna M. M		Tägl 15 Stund
Donn.	27 e Panthaleon		24 Minuten.
Freyt.	28 f Celsus		beständet
Samst	29 g Martha		kühl Wetter,
31 Woch	**Vom ungerechten Haushalter. L. 16. Kap.**		
Sonl.	30 A Abdon		Das erste ☽ 4 Uhr
Mont.	31 b Ignat. Loj.		39 Minut. Nach

☉	Tages	Sonne	Sonne	Tages
	Anbruch	Aufgang	Untergang	Abschied
	Uhr m.	Uhr m.	Uhr m.	Uhr m.
1	1 41	3 42	8 18	11 19
10	1 51	3 52	8 8	10 9
20	2 5	4 3	7 57	9 55
31	2 11	4 17	7 43	9 49

Vergleich dich lieber mit einem Gegner, wenn es nur möglich ist, als daß du einen Prozeß führest. Ein magerer Vergleich ist

aber um eine Summe Geldes zu thun wäre, damit die Ausrüster wieder heimzögen, sollte es daran auch nicht fehlen.

Da aber die Unterredung ganz fruchtlos ablief, wurde alles Volk auf dem Schlosse zusammen berufen, und vorgestellet: „daß die Feinde ein ungeschicktes Kriegsvolk wären, und das Schloß unmöglich einnehmen könnten; wer gesinnt wäre, ehrlich und redlich Stand zu halten, sollte einen Finger aufrecht halten.„ Auf diese Rede wurde Keiner im ganzen Haufen verzagt gesehen, sondern alle waren eines unerschrockenen Muthes und fröhlichen Angesichts, und hielten Hand und Finger aufrecht. Unter andern stund Konrad Welnaug, fürstlicher Sekretär, als er Jedermann beherzt und muthig sah, auf und schrie laut: Gott sey gelobt, singet mit alle nach! wo er dann das Osterlied Christ ist erstanden ꝛc. anstimmte. Doch war noch verboten, einen Schuß zu thun, bis sich die Feinde mehr nähern würden.

Am Sonntage Cantate frühe vor Tag brachen die Feinde von Heidingsfeld auf, zogen mit großem Pracht und Schalle auf den Nikolausberg in die Schanze, und fiengen das Schloß zu beschießen an; jedoch ohne merklichen Schaden: nur die Ziegel auf den Dächern wurden beschädiget. Da zurückt man auf dem Schlosse alles Geschütz geladen, und dann um 6 Uhr nicht gegen den Nikolausberg, sondern gegen die Stadt eine Stunde lang geschossen. Da lief eine große Menge Volks auf den Flößen unter der Brücke in das deutsche Haus und zu den Schoßen, um zu sehen, wie es mit dem Schlosse gieng; die Belagerten richteten aber ihr Geschütz dahin, und zertrennten alle Versammlungen. Hingegen haben die Feinde etliche Schlangen neben das deutsche Haus, ferner unter dem Schwibbogen der Augustiner, und bey dem Bleythurme, am Mayn gesetzet, auch gegen das Schloß geschossen: wo dann Herr Silvester Amen

Edmund Graf von Kesselstadt.

Ende des Kapitels.

Karl Alexander Freyherr von
Hornstein.

Friderich Karl Theodor Joseph
Franz Zirkel Freyherr von
Guttenberg.

Woch. Täge.	Augustus oder Augustmon ☽	Muthmaßliche Witterung.
Dienst.	1 c Petr. Ket.	trüb,
Mitw.	2 b Portiuncula	neiget auf Regen
Donn.	3 e Steph. Erf.	und nasse
Freyt.	4 f Dominicus	Witterung,
Samst	5 g M. Schn J.	Tagsl. 14 St. 48 M.
32 Woch	Jesus weint über Jerusalem. L. 19. Kap.	
Sonta	6 A Laurentius	gewitterhaft,
Mont.	7 b Cajetanus	6 Uhr N.
Dienst.	8 c Cyriacus	Erdfern,
Mitw.	9 d Romanus	deutet auf
Donn.	10 e Asteria	geschwüllige
Freyt.	11 f Susanna.	und zu
Samst	12 g Klara J.	Donner
23 Woch	Vom Pharisäer und Publican. Luc. 18. Kap.	
Sont.	13 A 10 Hyppol.	geneigte
Mont,	14 b Euseb. J.	Witterung.
	Maria hat den besten Theil erwählt. Luc. 10. K.	
Dienst.	15 c Maria (Himmelfahrt)	
Mitw.	16 b Rochus	U. 26 Min N.
Donn.	17 e Liberatis	verkündiget
Freyt.	18 f Helena	Regen,
Samst	19 g Sebald. J.	Tagsl. 14 Stund.
24 Woch	Vom Tauben und Stummen. Marc. 7. Kap.	
Sont.	20 A 1 Barth.	Erdnäh.
Mont.	21 b Anastosius	feuchtes Wetter
Dienst.	22 c Timoth.	7 Uhr V. Ng.
Mitw.	23 b Claudius	
Donn.	24 e Eutychius	
Freyt.	25 f Ludovicus	verkündiget
Samst	26 g Zephyrinus	helles und
35 Woch	Vom Priester Levit u. Samarit. L. 10. Kap.	
Sont.	27 A 12 Cäsar.	warmes
Mont.	28 b Augustinus	Wetter.
Dienst.	29 c Joh. Enth.	Das erste ☽ 5 Uhr
Mitw.	30 b Rosalim.	27 Min. Vorm.
Donn.	31 e Raymundus.	sehr warm,

Verspotte keinen Frem-
den, wenn er andere Sit-
ten und Gewohnheiten hat.
Ländlich, sittlich.

Laure nicht an der
Wand. Ein Laurer an
der Wand hört seine ei-
gene Schand.

☉ Tages Anbruch		Sonne Aufgang		Sonne Untergang		Tages Abschied	
Uhr	m.	Uhr	m.	Uhr	m.	Uhr	m.
1	2	14	4	17	7	43	9	46
10	2	31	4	39	7	25	9	29
20	3	2	4	54	7	6	8	58
31	3	30	5	16	6	44	8	30

haupt, fürstlicher Kapellan, abends um 7 Uhr auf dem
untern Saale bey einem großen Fenster neben einer Schlan-
ge erschossen wurde, und war der erste, der in der Besatzung
seinen Geist aufgegeben hat. Noch an demselben Sonntage
verschafften sich die Belagerer mehr Geschütz, und quartier-
ten sich in dem Maynviertel ein, wo sie, wie die Geschichte
saget, wie die Türken hausten.

Mondtags darauf auf dem Abend versammelten sich die
Bauern einzeln auf der Tell außerhalb des Gartens in großer Menge; blieben aber stille, bis es Nacht wurde. Dazu
kamen andere mit Leitern, Beilen, und liefen zwischen 9 und
10 Uhr mit aufgerechten Fähnlein, Trommeln und Pfeffen,
und einem sehr großen Geschrey durch den Garten am vor-
dersten Ecke der Schutt gegen die Tell zum Sturm. Da
erschienen nun alle im Schlosse auf ihren Plätzen, wartend,
ob sich Noth zutrüge, und harrten muthig auf das Zeichen
ihres Hauptmannes. Indessen krochen die Bauern heran,
hieben die lichten Zäune durch, und liefen endlich mit auß-
erordentlichem Geschrey an, als ob sie gewiß wären, das
Schloß zu erobern; sind aber nicht wohl empfangen, sondern
mit Schießen, Leichtkugeln, Pech- und Schwefelringen, Pul-
verblitzen, Steinen, und andern dermaßen abgefertiget worden, daß sie bald zurück wichen. Dieser Sturm war fürch-
terlich anzusehen; das Schloß schien von der Stadt hinauf
wie im lichten Feuer zu stehen. Doch wagten es die Feinde
zum zweytenmale mit gleichem Geschrey und Schlßen wie
das erstemal, um die Besatzung zu erschrecken und müde zu
machen; wurden aber auch diesmal durch den Benstand
Gottes, durch Wachsamkeit der Hauptleute, durch ernstliche
Wehre der Belagerten abgewiesen und zum Weichen gebracht.
Unter solchen Stürmen haben die Hauptleute allenthalben
Wein auf die Plätze bringen lassen, damit sich die Streiter

Benedikt Anton Friderich Freyherr von Andlau.

Karl Friderich Emerich Joseph
Philipp Hugo Johann Frey-
herr von Frankenstein.

Friderich Karl Joseph Freyherr
von Fechenbach.

Woch.	Sep. oder	☽	Vermuthliche
Täge.	Herbstmon.	♑	Witterung.
Freyt.	1 f Egidius	♒	haltet an
Samst	2 g Stephan K.	♒	Tagslang 13 St.
26 Woch	Von den zehn Aussätzigen Luc. am 17. Kap.
Sont.	3 A 13 Schul.	♒	☾ Erdfern.
Mont.	4 b Rosalia	♒	mit warmer
Dienst.	5 c Laur. Just.	♒	Witterung.
Mittw.	6 d Zacharias Pr.	♒	Der ☽ 9 Uhr 41
Donn.	7 e Regina	♒	Minuten Vorm.
Freyt.	8 f Mar. Gebur		verheiset
Samst	9 g Gorgonius	♈	trocken,
27 Woch	Niemand kann zwen Herren dienen. Math. 6. K.
Sont.	10 A 14 Nic. T.	♈	schön und
Mont.	11 b Aemilian	♉	Tagslange 12 St.
Dienst.	12 c Nam. Mariä	♉	40 Minuten.
Mittw.	13 d Maternus	♊	warm Wetter
Donn.	14 † Erhöhung	♊	Das letzte Viert.
Freyt.	15 f Nicomedes	♋	23 Min. Vorm.
Samst	16 g Cornel. ☽	♋	angenehm
28 Woch	Von der Wittwe Sohn zu Naim. Luc. am 7. K.
Sont.	17 A 15 Walth.	♌	☾ Erdnah.
Mont.	18 b Thom. Vil.	♌	verkündiget
Dienst.	19 c Januar.	♍	schöne Tage,
Mittw.	20 d Quatmb.	♍	Der ● 3 Uhr 25
Donn.	21 e Jonas	♎	Minuten Nachm.
Freyt.	22 f Mauric.	♎	Die Sonn tritt in
Samst	23 g Linus P.	♎	Tag u. Nl. H. A.
29 Woch	Von dem Wassersüchtigen. Luc. 14. Kap.
Sont.	24 A 16 Michael	♏	Tgl. 11 St. 54 M.
Mont.	25 b Cleophas	♏	Nebel und
Dienst.	26 c Cyprian	♐	kühles Wetter,
Mittw.	27 d Cosmas	♐	Das erst) 10 U.
Donn.	28 e Wenceslaue	♑	5 Min. Nachm.
Freyt.	29 f Fraternus	♑	veränderliches
Samst	30 g Hieronymus	♒	Wetter

Den	Tages Anbruch uhr m.		Sonne Aufgang uhr m.		Sonne Untergang uhr m.		Tages Abschied uhr m.	
1	3	33	5	16	6	44	8	27
10	3	50	5	36	6	24	8	10
20	4	13	5	57	6	3	7	47
30	4	36	6	17	5	43	7	10

laben und erquicken mögten; so sind auch die Obersten,
Hauptleute und Kriegsräthe einer nach dem andern von einer Wehre zur andern gegangen, haben getröstet, und erin-
nert, gemach zu thun, und nicht zu sehr zu eilen, damit sie
sich nicht ohne Noth unkräftig und schwach machten.

Als man nun in solcher Verfassung abwartete, ob der
feindliche Haufe sein Heil zum drittenmale versuchen wollte,
hat es 2 Uhr in der Nacht geschlagen, und ist stille geworden; worauf der Hauptmann alles grobe Geschütz gegen die
Stadt hat abfeuern lassen, damit man wisse, daß sie im Schlosse
noch lebten: wie dann überhaupt die Nacht hindurch so tapfer und heftig geschossen wurde, daß, wenn es noch zu einem Sturme gekommen wäre, zu den Hacken und Handweh-
ren, die dazu am süglichsten gebraucht wurden, keine Kugel
mehr übrig geblieben wäre: deswegen ohne Unterlaß Kugeln
gegossen wurden. 20000 Bauern sind beyläufig, wie Lorenz Frieß schreibt, vor dem Schlosse gelegen.

Am Dienstage nach ausgehaltenem Sturme versam-
melte der Hauptmann die ganze Mannschaft auf dem Platze, ließ ihnen durch den Herrn von Rothenhahn danken,
daß sie sich verflossene Nacht so tapfer gehalten haben; und
ließ zugleich unter die, so nicht vom Adel oder Geistliche
waren, 100 Gulden zur Ergötzlichkeit austheilen.

Nichtsdestoweniger blieben die Aufrührer harnäckig auf
ihrem Vorhaben, das Schloß zu erobern, es koste was es
wolle: deswegen fiengen sie an, am Dienstage in der Nacht
Schanzen zu graben, eine auf der Tell unten am Weinberge
gegen die Stadt, die andre über den Weg auf der Tell in
die Weinlage, besetzten solche mit Schanzkörben und star-
ken Schirmen, und beschossen das Schloß auf der Erde gegen der Tell und Stadt zu. Dagegen richteten sich nun die
in der Besatzung auch zu, zogen eine Karthaume, eine große
Stein-

Lothar Franz Ignaz Adam Valentin Freyherr von Fechenbach.

Friderich Philipp Anton Franz Freyherr von Guttenberg.

Friderich Karl Philipp Lothar Godfried Freyherr Zobel von Giebelstadt.

Woch. Täge.	October oder Weinmon.	☽ L.	Muthmaßliche Witterung
40 Woch	Vom größten Gebot: h. Math. am 22. Kap.		
Sont.	1 A 17 Rosant		☾ Erdfern.
Mont.	2 b Otto B.		bringet
Dienst.	3 c Candidus		gelinde
Mitw.	4 d Franc Ser.		Witterung,
Donn.	5 e Placidus		Nebel
Freyt.	6 f Bruno Kart		Der ○ 9 Uhr 58
Samst	7 g Amalia		Min. v. ... nut.
41 Woch	Vom Gichtbrüchtigen. Matth. 9. Kap.		
Sont.	8 A 18 Birgitta		Tags. 11 Stund.
Mont.	9 b Dionys		neiget auf
Dienst.	10 c Franz. B.		schöne und
Mitw.	11 d Germanus		angenehme
Donn.	12 e Maximilian		Herbstwitterung,
Freyt.	13 f Eduardus		Das letzte ☾ U
Samst	14 g Burkardus		5 Min. Vorm.
42 Woch	Vom hochzeitlichen Kleid. Matth. 22. Kap.		
Sont.	15 A 19 Theres		☾ Erdnah.
Mont.	16 b Gallus		mit Sonnenschein.
Dienst.	17 c Hedwigis		Tagel. 10 St. 36
Mitw.	18 d Lucas		Minuten
Donn.	19 e Ferdinand		windig,
Freyt.	20 f Wendelinus		Der ● 1 Uhr 53
Samst	21 g Ursula		Minuten Vorm.
43 Woch	Vom königlichen Sohn. Joh. 4. Kap.		
Sont.	22 A 20 Simeon		Judas) Die ○
Mont.	23 b Severinus		tritt in ♏
Dienst.	24 c Raphael		verkündiget
Mitw.	25 d Chrysanth.		trübes
Donn.	26 e Evaristus		Wetter,
Freyt.	27 f Ivo Abb.		Das ☽ 5 Uhr N.
Samst	28 g Cyrilla		☾ Erdfern,
44 Woch	Vom König, der Rechnung foderte. Math. 18 Kap.		
Sont.	29 A 21 Narcis.		Tagsl. 9 Stund
Mont.	30 b Hartmanus		44 Minuten
Dienst.	31 c Wolfg.		mit Regen.

Den 1 Crossen, Unterbreit, Kreglingen, schwäbisch Gemünd.

den 2 zu Trappstad Viehmarkt.

den 3 Hilperhausen.

den 8 Hollfeld.

den 9 Bamberg, Moos, wiesen, Hofheim und folgenden Tag Viehmarkt.

den 14 Karlstadt, Gemünden, Mospach.

den 16 Staffelstein.

den 17. zu Bibra Jahr. und Tags darauf Viehmarkt.

den 20 Hardheim, Königshofen.

den 28 (Simon und Judä Markt) zu Aischach, Eltmann, Marktbibart, Uffenheim, Wüstenhofen Kleinlangheim, Widdern, Burghaßlach.

den 29 Hollfeld, Lehnfeld am Mayn, Neustadt an der Heyden.

Willt du etwas gerne haben, so gieb dir Mühe darum. Wer den Kern verlanget, muß die Nuß aufbeissen.

Nimm nicht leicht Kinder von bösen Eltern in dein Haus auf. Der Apfel fällt nicht weit vom Stamme.

Wer immer andern rathen und helfen will, das Seinige aber vernachläßiget, fänget andern Mäuse, und seine eigene Katze läßt er laufen.

☉	Tages Anbruch		Sonne Aufgang		Sonne Untergang		Tages Abschied	
	uhr.	m.	uhr.	m.	uhr.	m.	uhr.	m.
1	4	38	6	17	5	43	7	22
10	4	48	6	38	5	22	7	12
20	5	15	6	58	5	2	6	45
31	5	34	7	20	4	40	6	26

Steinbüchse, eine Rothschlange auf dem Haberboden zu dem Geschütz, das sie darauf und neben auf den Sälen hatten; wo dann das Schießen auf die Stadt und Schanze, und der andern auf das Schloß wieder tapfer angieng, und den Bauern in den Schanzen vieler Schade zugefüget wurde.

Endlich ließ die Besatzung durch einen treuen Boten die Nachricht an den Bischof nach Heidelberg bringen: daß sie zween Stürme ausgehalten hätten, und nun auf Rettung und Hilfe warteten; wo dann die Antwort an sie ergieng: sie sollten getrost und muthig seyn, er würde bald kommen und Hilfe bringen. Unterdessen wurden verschiedene Unterhandlungen gepflogen: aber vergebens; das Schießen gieng von neuem an, und dauerte bis auf den Pfingsttag fort. Nun sollte das Schloß untergraben werden. Es wurden deshalb Bergknappen angestellt: diese mußten oberhalb St. Burkard in den Berg gegen das Schloß graben; wo dann etliche Tonnen Pulver hineingebracht, und der Berg gespalten werden sollte. Aber auch dies gieng nicht von statten; auch konnte nicht mehr Geschütz beygeschaffet werden: man beschloß also den dritten Sturm, und foderte unter großen Versprechungen, alle im Schlosse befindliche Barschaft, Silber und Geräthschaften Preis zu geben, Freywillige dazu auf; wo sich aber wenige einschreiben ließen.

Unterdessen nahm die Sache durch die thätige Verwendung des Fürsten Konrad eine bessere Wendung. Die Rebellen waren von dem Bunde im Würtenbergischen schon geschlagen; und Würzburg sollte nun auch von dem Druck der Aufrührer befreyet werden. Auch zog der Fürst Konrad von Heidelberg, mit Pfalzgrafen Ludwig, Richard Kurfürsten von Trier, Otto Heinrich Herzoge von Bayern heran; wo es dann bey Königshofen an der Tauber zu einer Schlacht kam, und das Heer der Bauern mit großem

sein

Karl Ludwig Friderich Ferdinand Johann von Nepomuck Franz von Paula Freyherr von Wambold in Umstatt.

Maximilian Friderich Freyherr Beisel von Gimnich.

Heinrich Karl Franz Bernard Freyherr von Guttenberg.

Wochtage.	November oder Winterm.	☽	Muthmaßliche Witterung.
	Von den 8 Seligkeiten. Matth. 5 Kap.		
Mitw.	1 d Aller Heilig.		neiget auf
Donn.	2 e Aller Seelen		ungestümmes
Freyt.	3 f Hubertus		Wetter
Samst	4 g Karl Bor.		Der ● 3 Uhr N.
45 Woch	**Vom Zinsgroschen. Matth. 22. Kap.**		
Sont.	5 A 12 Mart.		Tecs: p. St. 34
Mont.	6 b Leonardus		bringt
Dienst.	7 c Engelbertus		rauhe Luft
Mitw.	8 d Godfried		und unfreund-
Donn.	9 e Ursinus		liches
Freyt.	10 f Andreas Ab.		Wetter,
Samst	11 g Mennas		☾ 2 U. ☽ Erdn.
46 Woch	**Von des Fürsten Tochter. Matth. 9. K.**		
Sont.	12 A 13 Mart.		verkündet
Mont.	13 b Didacus		dicke Nebel
Dienst.	14 c Jucundus		und rauhe
Mitw.	15 d Leopoldus		Luft,
Donn.	16 e Ottmarus		ungestümm,
Freyt.	17 f Eugenius		windig,
Samst	18 g Odo Ab.		Der ● 3 Uhr N.
47 Woch	**Vom Senftkörnlein. Matth. 13. Kap.**		
Sont.	19 A 24 Mart.		Oesterung.)
Mont.	20 b Fel. d. Val.		Taest. S. Ll 40
Dienst.	21 c Columbanus		● tr. u. in ♐
Mitw.	22 d Cäcilia		neiget auf
Donn.	23 e Clemens		unfreundliche
Freyt.	24 f Joh. v. †		Witterung,
Samst	25 g Kathar.		☾ Erdfern.
48 Woch	**Vom Greul der Verwüstung. Matth. 28. Kap.**		
Sont.	26 A 27 Andreas		Das erste ☽ 2 U.
Mont.	27 b Virgilius		44 Min. Nachm
Dienst.	28 c Florent.		kühl und
Mitw.	29 d Saturnin.		feuchtes
Donn.	30 e Nathanael		Wetter.

☉ B	Tages Anbruch uhr m.	Sonne Aufgang uhr m.	Sonne Untergang uhr m.	Tages Abschied uhr m.
1	5 36	7 20	4 40	6 24
10	5 51	7 38	4 22	6 9
20	6 5	7 55	4 5	6 55
30	6 16	8 10	3 50	5 44

sem Verluste in die Flucht geschlagen wurde. Nachher zogen die Fürsten gegen Heldingsfeld, wobey sie von der Besatzung freudig begrüßet wurden. Die Stadt hat sich endlich am Mittwoch nach Pfingsten auf Gnade und Ungnade ergeben.

Diese Erzählung ist aus des Frieß Geschichte genommen, der den selbigen Bauernkrieg weitläufig beschrieben hat, und woraus sich gar deutlich ergibt, wie Schande und Unglück allen jenen zu Theil wird, die sich gegen ihren rechtmäßigen Herrn und Obrigkeit empören, und wegen des Mordens und Raubens zu den Waffen greifen; Glück und Segen hingegen begleitet jeden frommen Unterthanen, der treu und redlich als ein guter Deutscher zu seinem Herrn hält, und wenn sein Vaterland von außen her von Feinden bedrohet wird, unter der Fahne seines Fürsten und des heiligen römischen Reichs für seinen Heerd und für seine Mitbrüder mit Muthe und Entschlossenheit streitet.

Noch unter dem nämlichen Fürsten Konrad von Thüngen wurde das Hochstift mit neuen Kriegsunruhen bedrohet, und die Vestung neuerdings in Belagerungsstand gesetzet. Im Jahre 1528 verbreitete sich das Gerücht allenthalben, Herzog Johann von Sachsen Kurfürst, und Landgraf Philipp zu Hessen rüsteten sich, das Stift Würzburg mit Kriege zu überziehen. Bischof Konrad wurde also in die Nothwendigkeit gesetzet, sich zu vertheidigen, und alles aufzubieten, um diesen mächtigen heranziehenden Feinden Widerstand zu leisten. Nebst vielen Anstalten in der Stadt wurde die Frauenberg nicht weniger, dann im Bauernkriege verwahret. Der Mittelthurm war vor Alters viel höher und unter Bischofe Lorenz von Bibra kurz vorher mit einer hohen Spitze versehen worden; nun aber wurde er abgebrochen, und ein flaches Dach darauf gemacht. Auch die neue Hofstube dem ebengemeldten Thurme gegenüber mit Erde ganz

b

b Joseph Johann Philipp
ich Valentin Freyherr von
Hettersdorf.

Johann Damian Philipp
nton Freyherr von Greifenklau zu Vollraths

helm Philipp Joseph Freyherr
von Waldenfels.

Woch. Täge.	December oder Christmon.	☽ ♌	Muthmaßliche Witterung.
Freyt.	1 f Eligius		Tagslänge 8 St.
Samst	2 g Bibiana		8 Minuten.
49 Woch	**Es werden Zeichen geschehen. Luc. 21. Kap.**		
Sont.	3 A 2 Advent		Regen
Mont.	4 b Barbara		Der ● u. W. Witt.
Dienst.	5 c Sabbas Abbt		einer sicht. Dnnst.
Mitw.	6 d Nikolaus		steiget auf trübe
Donn.	7 e Ambros. J.		und nasse Witter.
Freyt.	8 f Mar. Empf.		☾ Erdnah.
Samst	9 g Leocadia		Tagslänge 8 St.
50 Woch	**Vom Johannes im Gefängniß. Math. 11 Kap.**		
Sont.	10 A 3 Advent		Das letzte ☾ 10 U.
Mont.	11 b Damasus		44 Min. Nachm.
Dienst.	12 c Justinus		verkündet
Mitw.	13 d Lucia		Schnee
Donn.	14 e Zosimus		und kaltes
Freyt.	15 f Irenäus		Wetter,
Samst	16 g Eusebius		unfreundlich
51 Woch	**Die Juden schickten zu Johannes. Joh. 1 Kap.**		
Sont.	17 A 3 Advent		Thomas Apostel
Mont.	18 b Gratianus		Der ● 6 u. v. mit
Dienst.	19 c Nemesius		einer unst. Sonk.
Mitw.	20 d Quatembf.		kaltes Wetter,
Donn.	21 e Glycerius		Ein
Freyt.	22 f Florus		☾ Erdfern.
Samst	23 g Victoria		Schnee,
52 Woch	**Von der Stimme in der Wüste. Luc. 3. Kap.**		
Sont.	24 A 4 Advent		Johann Evangel.
Mont.	25 b H. Christf.		Sonnenschein
Dienst.	26 c Stephanus		Das erste ☾ 10 U.
Mitw.	27 d Martinus		51 Minut. Vorm.
Donn.	28 e Unsch. Kind.		haltet an
Freyt.	29 f Thom. B.		mit rauher
Samst	30 g David K.		Witterung.
53 Woch	**Joseph und Maria verwunderten sich. Luc. 2 K.**		
Sont.	31 A Sylvester		Tagsl. 7 St. 54 Min.

✽✞✽

Erzähle nicht leicht, was
du Gutes gethan hast. Ei-
genes Lob stinkt, fremdes
klingt.

Strebe nicht nach hohen
Dingen. Wer hoch steigt,
fällt tief.

Meide alles, was dein
Gewissen besteckt. Recht
thun, läßt sanfte ruhn.

☉ Tage	Tages Anbruch		Sonne Aufgang		Sonne Untergang		Tages Abschied	
	Uhr	m.	Uhr	m.	Uhr	m.	Uhr	m.
1	7	9	8	10	3	10	4	51
10	7	14	8	18	3	42	4	46
10	7	17	8	21	3	39	4	43
31	7	15	8	18	3	41	4	45

ganz ausgefüllet, damit die Feinde, wenn sie sich auf dem Nikolausberge lagerten, dem Schlosse minder Schaden zufügen könnten. Auch wurde nichts unterlassen, was zur Beschützung des Schlosses von den Kriegsräthen nothwendig befunden wurde. Doch ist es für diesmal zu keiner Gewaltthätigkeit gekommen, sondern gütlich durch Vergleiche aus gemacht worden.

Im Schwedenkriege 1630 mußte diese Bergveste abermal eine Belagerung ausstehen, und wurde am 18ten October mit Sturme erobert. Als Gustav Adolph König von Schweden am 16ten Besitz von der Stadt Würzburg genommen hatte, gieng er mit seiner Armee über den Mayn, und ließ das Schloß durch einen Trompeter auffordern. Als aber eine abschlägige Antwort erfolgte, bemächtigte sich der König nach einer beyderseitigen heftigen Kanonade des Zellthores nebst dem Thürmlein unten am Schlosse, und foderte am 7ten October das Schloß zum zweytenmale auf, welches aber mit abschlägigen Worten und noch heftigerem Kanonenfeuer als zuvor beantwortet wurde. Die Schweden lagerten sich hierauf im Garten des deutschen Hauses hinter der Mauer bey dem Zeller Thore und den nächst gelegenen Weingärten, und beschoßen das Schloß von drey Seiten dergestalt, daß die Kugeln in dem Sommersaale und den übrigen Gemächern wie ein Hagelwetter herumflogen. Die Besatzung bestund meistens aus Landmilizen, die, eines solchen Auftrittes ungewohnt, bis auf 10 Mann davon liefen. Man schnitt die Wasserleitung von Höchberg her ab, und am 18ten des nämlichen Monats Oktober frühe zwischen 4 und 5 Uhr begann der Sturm, und dann in 3 Viertelstunden das ganze Schloß in den Händen der Schweden war, welches in dem Bauernkriege eine monatliche Belagerung gegen 25000 Mann ausgehalten hatte. Nicht allein die Besatzung, son-

D 2   dern

Philipp Ka. I Freyherr Schenk von Staufenberg.

Aloys Philipp Karl Anton Freyherr von Greifenklau zu Vollraths.

Konstantin Philipp Anton Freyherr von Ritter zu Grünstein.

dern auch die auf dem Schloſſe befindlichen Geiſtli-
chen wurden von den einſtürmenden Soldaten in
der erſten Wuth umgebracht. Als der König mit
ſeinen Stabsofficieren in das Schloß kam, fiel ihm
der Commandant zu Füßen, und bat um Gnade.
Der König verwies es ihm trotzig, daß er ein Schloß,
ſo weder mit gehöriger Mannſchaft noch Proviant
verſehen war, ſo hartnäckig vertheidigen wollte,
und das Leben ſo vieler Menſchen dabey auf das Spiel
ſetzte. Wäre gleich ein Soldat zugegen geweſen (ſie
waren alle mit Plündern beſchäftigt), ſo hätte ihn
der König auf der Stelle erſchießen laſſen. Man
fand 700 Erſchlagene, die in einer Baſten begraben
wurden Zwey ermördete Kapuziner ſind in der Stadt
im Kreuzgange der PP. Franziſkaner, der ermördete
Vicedom aber, Truchſeß von Henneberg, bey den
PP. Dominikanern im Chore begraben: die Auf-
ſchriften hievon ſind noch an beyden Orten zu leſen.
In der Kirche zeiget man noch nächſt am hohen Al-
tare eine Stelle, wo ein Schwede einen eben Meſſe
leſenden Kapuziner den Kopf zerſpalten haben ſoll.
Im Januar 1635 wurde das Schloß von den Kaiſerlichen blokirt, und am 16ten eben deſſelben Monats an eben dieſelben mit Accord übergeben. Jährlich wird deswegen am 18ten Januar ein Dankfeſt
gehalten.

Unter dem Fürſten Hartmann von Roſenbach
im Jahre 1673, und unter dem darauf folgenden
Fürſtbiſchofe Johann Gottfried von Guttenberg
im Jahre 1688, wurde das Schloß zweymal von
franzöſiſchen Kriegsvölkern bedroht. Unter Fürſten
von Roſenbach fielen die Franzoſen unter Anführung
des Marſchalls Turenne in das Land, und nachdem
ſie viele Dörfer und Ortſchaften an der Tauber ver-
wüſtet und allenthalben große Brandſchatzungen er-
preſſet hatten, drangen ſie bis nach Ochſenfurt, wo
ſie ſich auf dem Berge gegen die Stadt gelagert hatten. Allein da man am meiſten wegen der Stadt
Würzburg und des Schloſſes beängſtigt war, kam
General Montecuculi mit der ſiegreichen kaiſerlichen

Klemens Wenzeslaus Schenk Freyherr von Staufenberg.

Wilhelm Joseph Xaver des H. R.
Reichs Graf von Sickingen.

Johann Gottfried Freyherr von
Guttenberg.

lichen Armee, lagerte sich um das Kloster Himmels-
pforten, und zog gegen den Rhein, wodurch die
Franzosen, um nicht abgeschnitten zu werden, zum
Rückzuge genöthiget wurden. Am 24ten September
hat der Fürst den General Montecuculi mit den
übrigen hohen Stabsofficieren auf dem Schlosse be-
wirthet.

Im Jahre 1688 unter Fürst Johann Gottfried von Guttenberg wagten die Franzosen einen
zweyten und bedeutenderen Einfall. Sie kamen
abermals nach Ochsenfurt, warfen auf der Höhe
bey Würzburg eine Linie auf, und besetzten den Nikolausberg. Da diese Feinde abermals sehr übel
haußten, alles raubten und verheerten: so that der
wachsame Fürst alles, was er zur Sicherheit seiner
Lande und Leute thun konnte. Er erhielt einige Es-
quadronen aus dem benachbarten Sachsen-Gotha,
besetzte die Stadt und das Schloß mit 5000 Unterthanen, und ließ noch 3 Legionen neuerdings anwer-
ben: und so gerüstet erwartete er die Feinde. Als
nun General Turenne einen Trompeter an den
Fürsten abschickte, mit dem Auftrage: „daß, weil
„es heute Martinsabend wäre, er sich morgen bey
„ihm wolle zu Gast geladen haben, um mit ihm die
„Martinsganse zu verzehren;" so antwortete ihm
der Fürst: „Wenn Turenne als Freund mit ihm
„die Martinsganse verzehren wolle, so sey er ihm
„willkommen; wenn er aber die Contribution oder
„Brandschatzung verstehe, so sey er bereit, ihm
„morgen vom Schlosse aus mit Kanonen tapfer ein-
„zuschenken." Am nämlichen Tage kam der Fürst
in aller Frühe auf das Schloß, und man sah den
Marschall Turenne auf einem Schimmel herum rei-
ten. Da sagte ein Konstabler zum Fürsten: „Gnä-
„digster Herr, erlauben Sie mir, ich will den Mar-
„schall mit einer Kanonenkugel vom Pferde heben,
„als wenn er nie darauf gesessen wäre; und wo ich
„das nicht leiste, so soll man mich auf einen Mörser
„setzen und hinüber zu ihm werfen." Der Fürst
aber gab zur Antwort: „Lasset ihn im Frieden! er
„kann

Philipp Franz Freyherr von
Waldenfels.

Friderich Karl Freyherr von Ritter zu Grünstein.

Maximilian Jos Joh. Nep. Aloys
des H. R. R. Graf von Sickingen.

„kann seinem großen Könige noch wichtige Dienste
„thun; denn er ist ein junger, tapferer Held: und
„ich befehle hiemit der ganzen Garnison, keinen
„Schuß zu thun, es sey denn, daß der Marschall
„der erste feuern lasse.” Und wirklich zog Turenne
ab, ohne was Feindliches zu unternehmen.

Im Jahre 1707 wurde in Franken ein neuer
feindlicher Einfall der französischen Heere befürchtet.
Bey diesem allgemeinen und sich weit ausbreitenden
Kriegsfeuer hat Johann Philipp von Greifenklau
weder Kosten noch Volk gesparet. Die gut ausstaffirte
Mannschaft that herrliche Dienste am Rheine; auch
kann man noch an Mörsern und Karthaunen Wun-
den und Scharten aufzeigen, die ihnen die feindlichen
Kugeln und Steinwerfen allda verursachet haben.
Das von den Feinden selbst bedrohte Vaterland
wurde glücklich gerettet, und der fromme Fürst ließ
zum ewigen Andenken das Bildniß der Mutter Gottes auf dem vordern Thurme neu arbeiten, und am
1ten Februar 1708 wieder aufstellen; wobey in der
Kugel, worauf das Bild ruhet, folgendes Gedächt-
nißzeichen auf Pergament geschrieben beygeschlossen
wurde:

Gott behüte das liebe Vaterland!

Im Jahre da man zählte 1708, den 1ten Februar, hat der
Hochwürdigste des heiligen römischen Reichs Fürst und
Herr Johann Philipp Bischof zu Würzburg, Herzog zu
Franken, von der uralten hohen Familie zu Greifenklau,
Gott und seiner lieben Mutter zu Ehren, da man den 1.
Junius 1707 von der Krone Frankreich in größter Ang
und Schrecken in dem lieben Vaterland gestanden, ja u
gar da ein Nachbar den andern verlassen, seine Zuflucht
zu Maria der allerseligsten Jungfrau, der dieser Berg
und fränkische hochfürstliche Residenz allein dedicirt, genommen, die es ansehnliche Marienbild von neuem ver-
fertigen, und zum ewigen Lob der Mutter Gottes auf den
sogenannten Marienthurn setzen, nach diesem die Litaney
zu unterthänigsten Ehren mit Trompeten und Paucken halten lassen, welcher Seine Hochfürstliche Gnaden selbst in
hoher Person und der ganze Hof dieser Andacht beyge-
wohnet. Gott verleihe nun dem Landesfürsten ein langes
Leben, den Unterthanen Frieden und Ruhe, darnach ein
seliges Ende.

Bey

August Philipp des H. R. R. Graf
von Elz, Fauſt von Stromberg.

Friederich Philipp Joſeph Lothar
Freyherr von Boos zu Waldeck.

Johann Franz Nepomuck des H. R.
R. Graf von Elz, Fauſt von
Stromberg.

Bey dem nun ſeit 1792 fortdauernden leidigen
Kriege mit den Neufranken war unſer liebes Va,
terland mehrmals von den vorrückenden Feinden be,
drohet; bis es das verfloſſene Jahr die ganze Laſt
und alle Greuel des Krieges erfahren mußte. Schon
im erſten Feldzuge rüſtete man ſich in der Stadt
und auf der Veſtung gegen dieſen Reichsfeind, nach,
dem er unter Anführung des Generals Cuſtine
Mainz und Frankfurt beſetzet hatte. 1793 kam ei,
ne neue Gefahr lief ſchon im Winter, als die Fran,
zoſen Landau entſetzet, und die kaiſerliche Armee ſich
bey Mannheim über den Rhein gezogen hatte. Da,
mals ſuchte man durch ein allgemeines Aufgeboth
das Land gegen jeden Anfall ſicher zu ſtellen. 1795
rückte die Gefahr noch näher, da die Franken am
Unterrheine über dieſen Fluß giengen, Düſſeldorf
beſetzten, und von daher bis Frankfurt vordrangen,
und Mainz auch von dieſer Seite einſchloßen. Durch
die weiſen Anſtalten des Generals Clairfait wur,
de der Feind von da wieder verdränget, und dieſe
Gefahr abermal abgewendet. Endlich im verfloſſe,
nen Jahre 1796 rückten die Franzoſen von der Sieg
und vom Oberrheine abermal vor, und bey dem er,
folgten Rückzuge der kaiſerlichen Armee wurde Würz,
burg am 24ten Julius von dem von Schweinfurt
heran rückenden franzöſiſchen Heere aufgefodert, und
am 25ten mit der Veſtung Marienburg durch Accord
übergeben und beſetzet. Am 1ten September rück,
ten die ſiegreichen Kaiſerlichen unter Anführung des
Prinzen Karl von Oeſtreich von Bamberg her vor
unſre Stadt; am 2ten wurde das Schloß von dem
Nikolausberge und von der Höchberger Seite be,
ſchoſſen; am 3ten fiel die merkwürdige Schlacht nahe
an der Stadt vor; und am 4ten ergab ſich die Gar,
niſon zu Kriegsgefangenen, und die Veſtung wurde
von den Kaiſerlichen wieder beſetzet. Gott ſegne die
kaiſerlichen Waffen, und ſchenke bald unſerm lieben
Franken, ſo wie dem ganzen deutſchen Vaterlande den
ſo lang gewünſchten und ſehnlichſt erwarteten Frieden.

§

Joseph Franz Lothar Konstantin Veit Freyherr von Wirzburg.

Franz Christoph Karl Philipp Freyherr von Frankenstein zu Ochstatt.

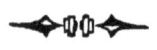

Eine kurze Beschreibung
von
Williams Tschaikenflotille.

Da der Obristlieutenant von Williams mit seiner aus Tschaiken (großen Nachen) bestehenden Flotille sich sowohl bey Belgrads Belagerung, als auch im gegenwärtigen Kriege, berühmt gemacht hat: so wird manchen eine Beschreibung davon angenehm seyn.

Nicht alle Tschaiken sind von gleicher Größe: Zwey von ihnen können ohngefähr etliche und 40 Schuhe lang, und 6 bis 7 Schuhe oben breit seyn; und jede führet 2 Kanonen, und, wenn ich mich recht erinnere, 2 Haubitzen: auf jeder Seite eine und die übrigen 2 vorne am Schnabel. Die übrigen 7 Schaluppen sind vielleicht um 8 bis 10 Schuhe kürzer, und etwa 1 oder 1½ Schuh schmäler, und trägt nur jede 2 Kanonen 6 oder 3pfünder: die eine ganz an der Spitze des Schiffschnabels, die andere an der Seite des Schnabels. Alle diese Tschaiken sind sehr stark mit Eisen beschlagen (wie die großen Nachen, Kähne), oben nicht bedeckt, sondern ganz offen. An jeder Seite befinden sich 12 — vielleicht auch in einigen Tschaiken mehr — Ruderbänke; nebst eben so vielen Rudern; überhaupt also in der ganzen Schaluppe 24 bis 28, und eben so viele Tschaikisten (dazu gehörige Soldaten). Wie viele Matrosen aber darauf sind, kann ich deswegen nicht sagen, weil ihre Anzahl auf allen nicht gleich war. An den Seiten jeder Tschaiken über dem Rande sind mehrere Stricke befestigt, zwischen welchen die Tornister u. dgl. sicher liegen. Die Munition befindet sich wahrscheinlich — denn ich wüßte nicht, wo sie anders seyn sollte — am Schiffschnabel, der dem Anscheine nach unten mit Thüren bedeckt ist. An den beyden größern Schaluppen befinden sich, außer einer langen und schmalen kaiserlichen Flagge, an den, auf beyden

Seiten heruntergehenden Tauen (Seilen am Maſtbaume), gegen 20 Fähndchen
wie große Schnupftücher von verſchiedenen Farben und Zeichen, wodurch der
übrigen Schaluppen der Wille des Kommandeurs auch in der Ferne bekannt gemacht wird. — Dieſe Flotille hat nicht nur ihre beſondern Muſikanten, ſondern
auch viele von den Tſchaikiſten ſelbſt haben beſondere kleine Pfeifchen bey ſich, nach
welchen ich mehrere in den Schiffen ihre ſonderbaren Tänze habe tanzen geſehen,
wobey ſich faſt jedes Glied an ihnen beweget, ohne daß ſie eben von der Stelle
kommen. — Ungewöhnlich war die Geschwindigkeit, womit ſie fortſegelten. —
Dieſe Tſchaiken und ihr Abfeuern auf dem Waſſer gewähren den Zuſchauern ein
ſeltenes Vergnügen.

Ein Popanz wider die Sperlinge in den Gärten.

So nützlich der Aufenthalt dieſer Vögel in den Gärten zu der Zeit iſt, wenn man
mit vielen Raupen oder andern Inſekten ſich geplagt ſieht; ſo ſchädlich und un-
angenehm iſt er dagegen, wenn die Kirſchen zur Reife kommen, oder man ſonſt
junge Gewächſe, z. B. Erbſen, Salat ꝛc. hat.   Denn, ſind dieſe Sachen im
Wachsthume ſo weit gediehen, daß ſelbige für ſie genießbar ſind; ſo freſſen ſie
keine Inſekten mehr, ſondern ſuchen ſich bloß von Früchten und jungen Gewäch-
ſen zu nähren.

Man pfleget daher, um die ungebetenen Gäſte abzuhalten, außerdem, daß
man unter ſie ſchießet, auch manche tödtet, vielerley Mittel zu gebrauchen, z. B.
Klappermühlen, fürchterliche Popanze in menſchlicher Geſtalt, Flattergold, Glä-
ſer u. dgl. auf die Bäume und an andere Orte zu ſtellen; aber alles dieſes thut
wenig Wirkung, weil ſie ſich ſehr bald daran gewöhnen.

Weit mehr Eindruck und Furcht wird aber bey dieſen Thieren erreget, wenn
man aus einem Haſenbalge die Geſtalt einer Eule, oder eines Geyers, ſo gut als
es möglich iſt, zu machen ſuchet, und zwar ſo, als wenn ſie im Fluge wäre;
wozu man ſich zweyer ausgebreiteter dunkelgrauer Flederwiſche von einer Gans
bedienet, welche auf beyden Seiten anſtatt der Flügel angebracht werden.

Dieſe Figur wird alsdann oben im Gleichgewichte an das Ende eines ohngefähr ſechselligen Fadens befeſtiget, und mit dem andern an eine Stange, welche
auf einen etwas hohen Baum oder auf ſonſtige Art mitten im Garten, in ſchiefer
Richtung geſtellet wird, da ſodann von der Luft ihr Spiel damit getrieben, und
alle Sperlinge wegen der natürlichen Furcht vor allen Raubthieren verſcheuchet
werden.   Dieſes Mittel iſt probat!

Methode, Pflanzen aus Setzlingen zu ziehen.

Diese Vermehrungsart bey Pflanzen ist schon so lange bekannt, daß sich wohl nicht viel Neues darüber sagen läßt; vielleicht aber ist es doch manchem Liebhaber angenehm, zu vernehmen, wie ein Anderer mit einem glücklichen Erfolge die eine oder andere Pflanze vermehret hat.

Meine Hauptzeit, diese Vermehrungsart vorzunehmen, ist die erste Hälfte des Monats Julius. Da lasse ich Töpfe mit Erde ganz voll füllen, und sie an einen schattigen Ort stellen, welcher nur 2 bis 3 Stunden die Morgensonne hat. Dann wähle ich einen Tag, an dem es nicht regnet und doch trübe Luft ist; alsdann schneide ich die Setzlinge, und schneide sie auch sogleich, daß sie nicht erst welk werden, in den dazu bereiteten Topf ein, und das auf folgende Weise: Haben die Pflanzen, die man vermehren will, harte Stämme: so ist es nöthig, die Setzlinge mit etwas altem Holz von der Mutterpflanze abzuschneiden. Auch bey andern Arten, welche kein hartes Holz, sondern nur schwammartige Stämme haben, ist diese Vorsicht nöthig, wenn der Erfolg glücklich seyn soll. Ist das Abschneiden geschehen, so setzet man sie ein, und zwar nur bis an die jungen Triebe, drücket mit der Hand die Erde dicht an die Setzlinge an, und begießet selbige sogleich. Bey ganz saftigen Pflanzen ist es aber am besten, wenn die Setzlinge gepflanzt sind, sie noch 14 Tage stehen zu lassen, bis man sieht, daß die Erde ganz austrocknen will; alsdann wird ihnen erst etwas Wasser gereichet. Bey Pflanzen mit hartem Holze hingegen ist nöthig, nur junge, jährige Triebe zu den Setzlingen zu nehmen. Doch muß der Zweig, den man nehmen will, schon ein wenig verhärtet seyn, und darf man also nicht blos die zarte Spitze nehmen, sonst wird man, anstatt Wachsthum zu sehen, nichts wie Fäulniß erblicken. Diese jungen Setzlinge brauchen nur 1 bis 4 Zoll lang zu seyn, und diese werden bis auf einen halben Zoll (nachdem man man vorher an dem Theile, welcher in die Erde kommt, die Blätter abgestreifet oder abgeschnitten hat) in die Erde gesetzt. Sind sie gepflanzt, so werden sie angedrücket und begossen. Alsdann hat man nur darauf zu sehen, daß die Töpfe niemal austrocknen, sondern jederzeit feucht seyen. Mit dieser Vermehrung fahre ich fort bis Ausgang Augusts, wo ich dann, so wie eine Sorte mit ihren jungen Trieben dazu tauglich wird, wähle; und auf diese Art habe ich manche schöne Sorte vermehret.

Einige

Einige Beobachtungen über die Gefahr der Gewitter.

Die Entfernung eines Gewitters kann ziemlich sicher aus der Zeit beurtheilet werden, welche zwischen dem Ausbruche des Blitzes, und dem Augenblicke, da wir den Donner hören, verfließt. Das Licht breitet sich nämlich mit einer fast unbegreiflichen Schnelligkeit aus, so daß wir es in eben dem Augenblicke sehen, in welchem es entsteht. Nicht also der Donner, ob er gleich mit dem Lichte in eben dem Augenblicke entsteht. Er ist für den Blitz eben das, was der Knall bey einem Feuergewehre ist. Er besteht in einer Erschütterung oder Bewegung der Luft, die das Krachen des Donners alsdann veranlasset, wenn sie von mehrern Flächen vielfältig zurück geworfen werden kann; wiewohl sich auch hier noch Schwierigkeiten finden. Der Schall, mithin der Donner, breitet sich nach dem Gesetze aus, daß jeder um etwas mehr als 100 Fuß von dem Entstehungsorte desselben entfernt Wohnende ihn um eine Sekunde später hören wird. Wer sich daher auf seinen Pulsschlag, auch bey Annäherung eines Gewitters, so verlassen darf, daß er ohngefähr in jeder Sekunde einmal schlägt, der kann nach demselben leicht die zeitige Entfernung eines Gewitters bestimmen. Verflossen z. B. 6 Pulsschläge während der Zeit, daß man den Blitz sieht und den Donner höret: so wäre das Gewitter noch 6000 Fuß d. h. eine Viertelmeile von uns entfernt, und wir könnten vollkommen ruhig seyn. Nur dann ist das Gewitter überhaupt furchtbar, wenn der Donner den Blitz unmittelbar begleitet; weil in diesem Falle das Gewitter gerader über unserm Haupte schwebt, obgleich daraus noch nicht folget, daß es auch uns gefährlich seyn werde. Ein Furchtsamer thut indessen wohl, wenn er auf jeden Pulsschlag nur ohngefähr 5 bis 600 Fuß Entfernung rechnet; denn Furcht pflegt gewöhnlich die Zahl der Pulsschläge zu vermehren, fast zu verdoppeln.

Man kann ferner die Richtung der Gewitterwolke bemerken. Treibet der Wind sie seitwärts vorbey, oder wenigstens nicht auf uns zu: so kann man die Furcht schwinden lassen. Zwar ist die Richtung des Windes, während des Gewitters, wegen der mannchfaltigen Abwechslung der Temperatur der Luft, äußerst veränderlich; und deswegen kann die Gefahr, wenn die Gewitterwolke uns schon nahe ist, sich bald vergrößern, bald verringern.

Die Gewitterwolken haben zuweilen nur eine sehr geringe Höhe über der Erde. Staub, Strohhalme, und andere leichte Körper werden alsdann von den Wolken in die Höhe gehoben: eine Erscheinung, die man besonders auf dem Felde, aber auch in den Städten bemerken kann. An Kleidern, besonders wenn sie mit eckigten metallnen Knöpfen, Tressen rc. besetzt sind, zeigen sich oft leuchtende Büschel, man glaubt in einem Spinnengewebe zu seyn, und die Luft wird drückend. In diesem Falle ist die Gefahr besonders groß, weil alsdann die Wolke schon einen Anfang machet, durch oder an unsern Körpern hinzugehen. Diese Erscheinungen wird man indessen wohl nie anders als auf freyem Felde ge-

wahr

wahr nehmen; und sich flach auf die Erde an der tiefsten zu findenden Stelle hin-
zulegen, bis jene Empfindungen vorüber wären, mögte wohl das einzige und
sichere Rettungsmittel seyn. Befände man sich zu Pferde: so würde abzusteigen
auf jeden Fall das rathsamste seyn, um hernach weitere Maaßregeln zu nehmen.

Die Gewitterwolken schweben in diesem Falle so niedrig, daß leicht ein Gegenstand in ihre Schlagweite kommen kann. Es sey dieser ein Mensch, der über-
dies vielleicht Metall bey sich führet, so wie etwa die Schnitter zur Aerntezeit die
Sensen, deren Spitzen sie gewöhnlich nach oben hin gekehrt tragen. Diese ziehen
nach der Eigenschaft, die — vermöge des Vorhergehenden — allen metallischen
Spitzen eigen ist, die elektrische Materie an, welche aber durch das Heft keine
Ableitung zur Erde findet, und daher ihren Weg schlechterdings durch den Men-
schen zur Erde nehmen muß. Ist es alsdann noch zu bewundern, wenn dergleichen
Leute vom Blitze erschlagen werden? wie unter andern dies Unglück vor einigen
Jahren wirklich zwey Leute auf dem Felde unter diesen Umständen traf. Solche
Leute müßten diese Werkzeuge, die ihnen im eigentlichen Verstande den Tod über
den Hals ziehen, zur Gewitterzeit schlechterdings von sich werfen. Ist ein solcher
Gegenstand ein Haus rc.: so sieht man, daß hoch und frey liegende Wohnungen,
überhaupt höhere Häuser bey weitem eher der Gefahr ausgesetzt sind, vom Blitze
getroffen zu werden, als niedrige und von mehrern andern umgebene, weil sie der
Schlagweite um so viel näher sind. Der Bewohner eines niedrigen Hauses kann
daher bey weitem ruhiger, als sein Nachbar, wenn dieser ein höheres Haus, und
vollkommen ruhig und furchtlos in dem Falle seyn, wenn das Gewitter von dort-
her seinen Weg nimmt; weil es alsdann schlechterdings das höhere Haus treffen
muß, im Falle es ja einschlüge. Eben daraus läßt sich auch wohl erklären, daß
in großen Städten die Gewitter, ohne Vergleich, öfter in den Vorstädten, als
in der Mitte der Stadt, einschlagen.

Ein Gewitter ist auch in dem Falle besonders furchtbar, wenn ein sehr hefti-
ger und starker Regen damit verbunden ist; indem die Erfahrung gelehret hat,
daß der Blitz gewöhnlich da herunter zu schlagen pflegt, wo der Regen am stärk-
sten fällt. Ein hoch über uns stehendes mit einem sanften und mäßigen Regen ver-
bundenes Gewitter ist gar nicht gefährlich. Dieser Regen vertritt nämlich die Stelle
eines Ableiters, der die elektrische Materie der Wolken unmerklich herunter führet.

Helle und hoch aufgethürmte Wolken, wie man sie oft an heissen Sommertagen wahrnimmt,
zeigen Gewitter an, die desto gefährlicher sind, je trockner und heißer die Luft dabey bleibt.
Die Materie ist alsdann in desto größerm Uebermaaße angesammelt, und die Luft desto weniger
geschickt, sie nach und nach zu vertheilen. Sie muß sich alsdann mit desto größerer Heftigkeit
einen Weg durch die Luft bahnen, indem sich die Wolken oft so tief senken, daß sie die Häuser
berühren. Daher läßt es sich auch erklären, daß das Ende der Gewitter oft furchtbarer als der
Anfang ist, weil die Luft vermöge der Dünste dem Blitze die Wege erleichtert.

Von

Von dem Saturnus.

Saturnus wird für den äußersten und entlegensten Planeten unsers Sonnensystems gehalten; nachdem aber der berühmte Herschel in England vor einigen Jahren mit seinen Instrumenten den neuen Planeten Uranus entdecket hat, der fast noch einmal so weit von der Sonne entlegen ist, so hat er dieses Vorrecht verloren, und wer weiß, ob nicht mehrere Planeten sich in dem unermeßlichen Raume befinden, die dem Erdebewohner auch noch vermittelst der besten Gläser sichtbar gemacht werden können. Indessen ist Saturnus von einer beträchtlichen Größe; indem er tausendmal größer als unsre Erde gehalten wird, und, ungeachtet einer Entfernung von 200 Millionen Meilen von der Sonne, dennoch als ein ansehnlicher Stern an dem Firmamente erscheint. Er vollendet seinen Lauf um die Sonne in Zeit von 29½ Jahren. Auf dieser langen Reise wird er von 5 Trabanten oder Monden (nunmehr hat man deren 7 entdecket) begleitet, die man wenigstens so groß wie unsre Erde schätzet, aber wegen ihrer Entfernung nicht anders, als mit langen Fernröhren, entdecket werden; da hingegen der wunderbare Ring, womit er umgeben ist, mit mittelmäßigen Fernröhren gesehen werden kann. Da dieser Planet fast zehnmal weiter von der Sonne als die Erde absteht: so vermuthet man, daß die Sonne daselbst auch zehnmal kleiner, und das Licht der Sonne um hundertmal schwächer seyn müsse, wie bey uns.

Von den vier Jahrszeiten.

Von dem Winter.

Der Winter, als die erste Jahrszeit, hat seinen Anfang genommen im vorigen Jahre am 21. Dezember Vormittags um 1 Uhr 51 Minuten, da die Sonne den ersten Grad des Steinbocks erreichte, und uns den kürzsten Tag und die längste Nacht brachte.

Von dem Frühlinge.

Der angenehme Frühling, als die zweyte Jahrszeit, nimmt seinen Anfang am 20. März Vormittags um 3 Uhr 12 Minuten, da die Sonne in das Zeichen des Widders tritt, und Tag und Nacht gleich machet.

Von dem Sommer.

Der Sommer, als die dritte Jahrszeit, beginnt am 27. Junius Vormittags um 8 Uhr 8 Minuten, da die Sonne den ersten Grad des Krebses erreichet, und uns den längsten Tag und die kürzste Nacht bringt.

Von dem Herbſte.

Der Herbſt, als die vierte Jahrszeit, fängt an am 22. September Nachmittags um 2 Uhr 52 Minuten, wo die Sonne in den erſten Grad der Wage tritt, und uns Tag und Nacht abermal gleich machet.

Von den Finſterniſſen.

Es begeben ſich im gegenwärtigen Jahre 2 Sonnen- und 2 Mondsfinſterniſſe, wovon eine Sonnen- und eine Mondsfinſterniß in unſrer Gegend ſichtbar ſeyn werden.

Die erſte iſt eine total unſichtbare Mondsfinſterniß am 9. Junius um Mittag, die aber nur in Amerika und einem Theile von Aſien zu Geſichte kommen wird.

Die zweyte iſt eine ſichtbare Sonnenfinſterniß am 24 Junius des Nachmittags. Sie nimmt ihren Anfang um 5 Uhr 16 Minuten Nachmittags, das Mittel oder die größte Verfinſterung, die ſich am nördlichen Theile der Sonne ereignet, erſtrecket ſich an 6 Zoll oder die Hälfte um 6 Uhr 2 Minuten, und das Ende erfolget um 6 Uhr 49 Minuten. Die ganze Dauer iſt demnach 1 Stunde und 33 Minuten.

Die dritte iſt eine ſichtbare totale Mondsfinſterniß in der Nacht vom 3. bis zum 4. Dezember, welche in ganz Europa in ihrer völligen Dauer zu Geſichte kömmt. Der Anfang iſt am 4. Dezember Morgens um 3 Uhr 11 Minuten; der Mond tritt völlig in den Erdſchatten um 4 Uhr 11 Minuten; die Größe iſt 10 Zoll 44 Minuten; das Ende der totalen Verdunklung um 5 Uhr 51 Minuten; Verweilung des Monds im Erdſchatten 1 Stunde und 40 Minuten; die ganze Dauer der Finſterniß 3 Stunden 46 Minuten.

Die vierte iſt eine kleine unſichtbare Sonnenfinſterniß, die am 18. Dezember des Morgens nur in den mittägigen Gegenden des ſtillen Oceans und um den Südpol, wegen der großen ſüdlichen Breite des Mondes, ſich zeigen wird.

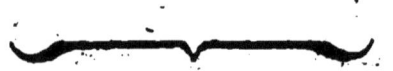

Von der Post.

Ankommende Posten.

Sonntags Vormittag gegen 10 Uhr. Von Amberg, Sulzbach, der Oberpfalz, Prag, ganz Böhmen, Mähren, Schlesien, aus Tyrol, dem Graubünderland, und Algey, Italien und der Schweiz.

Nachmittag gegen 5 Uhr. Von Heidelberg, Mannheim, Moßbach, Welsheim, Mergentheim, dem Oberrheinstrom, aus ganz Elsaß, baadisch- und speyerischen Landen. Item der ganzen Unterpfalz, dem Zweybrückischen und Westrich. Aus dem Sauerland. Von Arensberg, Brillon, Dillenburg. Von Bingen, Kreuzenach, dem ganzen Rheingau. Von Luxemburg, Metz, Trier u. Moselstrom.

Montags Vormittag um 10 Uhr. Von Salzburg, aus Steyermark und Kärnten.

Nachmittag um 5 Uhr. Von Münster, Osnabrück, Paderborn, Kassel, Fritzlar, Amöneburg, Gießen, ganz Westphalen und Hessen. Von Schafhausen, Bern aus der Schweiz, und Savoyen.

Dienstags Vormittag um 5 Uhr. Von Hamburg, Bremen, Dännemark, Schweden, Pohlen, Kurland, und ganz Norden, den hanöverischen, brandenburgischen, braunschweigischen und sächsischen Landen. Von Bamberg, Kronach, aus Oberfranken, dem Vogtland und Bayreutischen. Item von Burgwinheim, Wiesentheit, Pommersfelden, Dettelbach.

Nachmittag um 5 Uhr. Von Reuß, Venlo, Arnheim, Kleve, Wesel, aus den clevischen, maetischen, und geldrischen Landen.

Mittwochs Vormittag um 10 Uhr. Von Prag, Amberg, wie Sonntags. Von Bamberg, wie Dienstags. Item von Schweinfurt, Maynberg, Schwanseld, und denselbigen Orten. Von Hilburghausen, Erfurt, aus Thüringen, Eichsfeld, den pommerischen, sächsischen, und braunschweigischen Landen. Item von Meinungen, Koburg, Schleusingen, Saalfeld, Milz, Römhild, Königshofen im Grabfeld, Oberlauingen, und denselbigen Orten. Von Anspach, Schillingsfürst, Oberzenn, Uffenheim, Ochsenfurth.

Mittags um 12 Uhr. Von Fuld, Schlüz, Hünfeld, Vach, Zettloß, Brückenau, Karlstadt.

Nachmittags um 5 Uhr. Von Heidelberg, wie Sonntags. Von Bingen. Item von Trier wie Sonntags.

Donnerstags Vormittag um 10 Uhr. Wie Montags.

Nachmittag um 5 Uhr. Von Hamburg, Bremen, wie Dienstags. Von Münster, ganz Westphalen und Hessen, wie Montags. Item aus dem Odenwald.

Freytags Vormittag um 10 Uhr. Von Salzburg wie Montags. Von Ellwangen, Schwäbisch Gemünd, Römburg. Von Bamberg wie Dienstags.

Nachmittag um 5 Uhr. Von Hamburg, Bremen wie Dienstags.

Samstags Vormittag um 10 Uhr. Von Kur- und Graubünderland. Von Anspach, wie Mittwochs. Von Fuld, wie Mittwochs. Von Bamberg, Schweinfurt, wie Mittwochs. Von Hilbburghausen und ganz Thüringen 2c. wie Mittwochs.

Nachmittag um 5 Uhr. Von Venlo, Nimwegen, wie Dienstags. Item aus England.

Ablaufende Posten.

Sonntags Vormittag um 10 Uhr. Nach Arnsberg, Brilon, und Sauerland.

Nachmittag um 4 Uhr. Nach Salzburg, Steyermark, Mähren, Schlesien und Kärnten. Item ins Algey. Nach Sulzbach, Amberg, in die Oberpfalz. In ganz Ober- und Niedersachsen, Hamburg, Bremen, Dännemark, Schweden, Pohlen, Kurland und ganz Norden. Item in die hanöverische, brandenburgische und braunschweigische Lande. Nach Bamberg, Kronach, ins Gebirg, Bayreutische und Vogtland. Nach Hildburghausen, Meynungen, Milz, Schweinfurt, Königshofen, in ganz Thüringen, Eichsfeld, in Sachsen, Braunschweig, Halberstadt. Nach Anspach, Schillingsfürst, Winsberg, Oberzenn, Rothenburg, Uffenheim. Nach Gerlachsheim,

Montags Vormittag um 10 Uhr. Nach Hamburg, wie Sonntags. Nach Neuß, Venlo Arnheim, Wesel, den klevischen, märkischen und gelderischen Landen.

Nachmittag um 5. Uhr. Nach ganz Welschland, Tyrol und Graubünderland.

Dienstags Vormittag um 10 Uhr. Nach Münster, Paderborn, und ganz Westphalen. Item nach Kassel, Fritzlar, Marburg, Amönaburg, Gießen, Hessen, und die Wetterau. Nach Bingen und ins Rheingau, nach Kreuzenach, auf den Hunderücken und in die Unterpfalz.

Nachmittag um 5 Uhr. Ins Rieß nach Gunsenhausen, Oettingen, Nördlingen, Dischingen, Ulm. Nach Bamberg, Kronach, ins Gebürg und Vogtland. Item nach Burgsteinheim, Pommersfelden, Wiesentheid, Kloster Ebrach, Schwarzach, Dettelbach.

Mittwochs Vormittag gleich nach angelangter oberländischen Post. Nach Diez, Weilburg und Nassauische. Nach Arnsberg, Brilon, Dillenburg, ins Sauerland. Nach Neuß, Duisburg, Venlo, Wesel, ins Klevische, Märkische und Gelderische; dann nach Heidelberg, wie Samstags Morgens.

Nachmittag um 2 Uhr. Nach Fuld, Schlüg, Hunfeld, Vach, Brückenau, Karlstadt und den Orten, wie Sonntags.

Nachmittag um 5 Uhr. Nach Prag, Amberg, Sulzbach, ganz Böhmen, Oberpfalz, Salzburg, Steyermark, Mähren und Kärnten. Item ins Algen, wie Sonntags. Nach Anspach, wie Sonntags. Nach Bamberg, Hildburghausen, Meinungen, und damit an den Orten, wie Sonntags.

Donnerstags Vormittag und Nachmittag. Nach Hamburg, Bremen, Hanover und ganz Norden, wie Sonntags.

Freytags Nachmittag um 5 Uhr. Ins Rieß, wie Dienstags. Nach Kur-Kom- und Graubünderland. Nach Schafhausen und in die Schweiz.

Samstags Vormittag um 10 Uhr. Nach Münster, Kassel, wie Dienstags. Nach Bingen, Kreuzenach, Oberwesel, wie Dienstags. Nach Luxemburg, Trier, und dem Moselstrom. Item nach Heidelberg, Mannheim, Moßbach, Adelsheim, Mergentheim, Bütthard, Oberrheinstrom, Elsaß, in die baadischen und speyerischen Lande. Item in die ganze Unterpfalz.

Nachmittag um 5 Uhr. Nach Nürnberg, Regensburg, wie Dienstag.

Imgleichen geht alle Tage Vormittag um 10 Uhr eine reitende Post nach Frankfurt, ins ganze Frankreich, Nieder- und Holland, nach Köln, Mülheim am Rhein, Achen, Mastrich, Lüttich, Elberfeld, Solingen, Düsseldorf, Bonn, Koblenz, Maynz, und dasigen Gegenden, nach Straßburg, ganz Würtemberg, Mannheim, rc. Sogleich nach Ankunft der Post von bemelten Orten, so täglich Nachmittag gegen 5 Uhr geschieht, geht selbige ab nach Regensburg, Nürnberg, ganz Bayern und Schwaben, Oesterreich und den Erblanden, dann alle Tage Abends um 7 Uhr nach Bamberg, von wannen die Briefe täglich gegen 9 Uhr Vormittag zurückkommen.

Item kommen wöchentlich auf den Dienstag und Freytag von Frankfurt und Nürnberg, als auch Bamberg drey kaiserliche privilegirte Postwägen an, welche nach einem kleinen Aufenthalte wieder abgehen, mittelst welcher nicht allein Personen, sondern auch kleine und große Paqueter, Geld und andere Sachen, auch Waaren um einen billigen Preis, nach Ausweisung der dießfalls angestellten Taxordnung, nach Nürnberg, Regensburg, Wien, Passau, Linz, Amberg, Anspach, Augsburg, Insbruck, Salzburg, München, Donauwerth, Monheim, Ellingen, Pleinfeld, Leipzig, Bayreut, Erlangen, Bamberg, Kronach, Koburg, und ganz Sachsen, sodann Frankfurt, Hanau, Aschaffenburg, Köln, Düsseldorf, Achen, Lüttich, Braband, item nach Koblenz, Trier, Luxemburg, Wetzlar, Limburg, und andere Orte mehr in Sicherheit befördert werden können.

NB. Ferner dienet dem Publicum zur Nachricht, daß auf der reitenden Post kein Geld angenommen dem dafür nicht gut gestanden wird, sondern solches ist zur Postwagen-Expedition zu bringen, an obige benannte Tage.